余英時文集——22

中國歷史研究的反思

現代史篇

余英時——著

余英時文集編輯序言

聯經出版公司編輯部

余英時先生是當代最重要的中國史學者，也是對於華人世界思想與文化影響深遠的知識人。

余先生一生著作無數，研究範圍縱橫三千年中國思想與文化史，對中國史學研究有極為開創性的貢獻，作品每每別開生面，引發廣泛的迴響與討論。除了學術論著外，他更撰寫大量文章，針對當代政治、社會與文化議題發表意見。

一九七六年九月，聯經出版了余先生的《歷史與思想》，這是余先生在台灣出版的第一本著作，也開啟了余先生與聯經此後深厚的關係。往後四十多年間，從《歷史與思想》到他的最後一本學術專書《論天人之際》，余先生在聯經一共出版了十二部作品。

余先生過世之後，聯經開始著手規劃「余英時文集」出版事宜，將余先生過去在台灣尚未集結出版的文章，編成十六種書目，再加上原本的十二部作品，總計共二十八種，總字數超過四百五十萬字。這個數字展現了余先生旺盛的創作力，從中也可看見余先生一生思想發展的軌跡，以及他開闊的視野、精深的學問，與多面向的關懷。

文集中的書目分為四大類。第一類是余先生的**學術論著**，除了過去在聯經出版的十二部作品外，此次新增兩冊《中國歷史研究的反思》古代史篇與現代史篇，收錄了余先生尚未集結出版之單篇論文，包括不同時期發表之中英文文章，以及應邀為辛亥革命、戊戌變法、五四運動等重要歷史議題撰寫的反思或訪談。《我的治學經驗》則是余先生畢生讀書、治學的經驗談。

其次，則是余先生的**社會關懷**，包括他多年來撰寫的時事評論（《時論集》），以及他擔任自由亞洲電台評論員期間，對於華人世界政治局勢所做的評析（《政論集》）。其中，他針對當代中國的政治及其領導人多有鍼砭，對於香港與台灣的情勢以及民主政治的未來，也提出其觀察與見解。

余先生除了是位知識淵博的學者，同時也是位溫暖而慷慨的友人和長者。文集中也反映余先生**生活交遊**的一面。如《書信選》與《詩存》呈現余先生與師長、友朋的魚雁往返、詩文唱和，從中既展現了他的人格本色，也可看出其思想脈絡。《序文集》是他應各方請託而完成的作品，《雜文集》則蒐羅不少余先生為同輩學人撰寫的追憶文章，也記錄他與文化和出版界的交往。

文集的另一重點，是收錄了余先生二十多歲，居住於**香港期間**的著作，包括六冊專書，以及發表於報章雜誌上的各類文章（《香港時代文集》）。這七冊文集的寫作年代集中於一九五〇年代前半，見證了一位自由主義者的青年時代，也是余先生一生澎湃思想的起點。

本次文集的編輯過程，獲得許多專家學者的協助，其中，中央研究院王汎森院士與中央警察大學李顯裕教授，分別提供手中蒐集的大量相關資料，為文集的成形奠定重要基礎。

最後，本次文集的出版，要特別感謝余夫人陳淑平女士的支持，她並慨然捐出余先生所有在聯經出版著作的版稅，委由聯經成立「余英時人文著作出版獎助基金」，用於獎助出版人文領域之學術論著，代表了余英時、陳淑平夫婦期勉下一代學人的美意，也期待能夠延續余先生對於人文學術研究的偉大貢獻。

目次

余英時文集編輯序言 003
代序　歷史的變與常 011

【輯一】

嚴復與中國古典文化 023
戊戌政變今讀 049
回首辛亥革命，重建價值觀念 079
群己之間
——中國現代思想史上的兩個循環 105
儒家思想與日常人生 113

【輯二】

重振獨立自主的人格 129
「五四」的吸引力 135
「五四精神是一股真實的歷史動力」
——「五四」百年之際專訪余英時先生 145
試釋「五四」新文化運動的歷史作用 179
五四：中國近百年來的精神動力 199
馬克思主義在近代中國的發展 215
學術思想史的創建及流變
——從胡適與傅斯年說起 225

【輯三】

張學良的政治世界 249
是歷史的推動者還是弄潮兒？——張學良與西安事變探微 263
日本的侵略改變了中國的命運 285
代結語　世紀交替中的中國知識分子——東西史學大師余英時、史景遷跨世紀對談 299

代序

歷史的變與常

大約一百多年前，中國面臨西方文化的挑戰，因而產生前所未有的大變局。李鴻章曾說過：他所處的時代是三千年來所未有的變局。至今，此一變局仍然持續著，我們不能預料它的發展方向和結局，但是可以回過頭來看看歷史上的「變」與「常」，先賢們是怎麼地思考這個問題。

一、古文明中的「變」與「常」

古文明國度包括美索不達米亞、以色列、希臘、中國、印度等，在人們最初的社會組織裡，不論是自然現象、戰爭、疾病、收成、打獵等日常事物，都被視為變象。可是，人們總想從萬變中找出常道，所以將「常」付諸於神的世界。換言之，初民只看到自然界、社會的「變」，上帝或神祇卻決定「常」。因此，經由人不斷向上帝祈禱，產生宗教的起源。

以中國古文明為例，甲骨文中記載的「生男」或「生女」、「戰爭」、「地震」、「天氣」等都是變，至於「常」只能透過占卜的方式向天追問，《易經》即是占卜傳統下的產物，也是講「變」與「常」最詳細的書。漢代對「易」的解釋有三，其中兩個意義剛好相反：一個易是不易—不變；另一個是變易；再一個易是簡易，大體上反映《易經》真實的內涵。

希臘古文明特別注重「常」，但也有人例外，如哲學家赫爾克里特斯（Heraclitus）主張一切都在變。不過希臘文化強調不變的東西最有價值，一切的變只是現象而已，「常」的觀念至今仍主導著西方的思潮。希臘人在追求現象之外想找一個真實；一切變的東西似乎沒有價值。所以，歷史對他們而言，並不像中國那麼重要。也並非希臘人對歷史不了解，而是觀念上重「常」過於重「變」。

二、漢代的常道思想

中國人向來重視歷史，並且將歷史觀念和人道觀念連在一起。春秋晚期，由天道觀念轉為人道，即人道由天道中獨立出來，子產所謂「天道遠，人道邇」，此為人道主義的起源。孔子提出「仁」字，是人道最重要的觀念，「仁」即歷史中的「常」，由仁字引申出三綱、五常思想，毛澤東自稱「不仁」，反對常道思想，中國大陸在文革時打倒孔子仁、義、禮、智、信的思想，但現在仍肯定儒家的價值，常道為他們所認為的精神文明。

漢朝，人道與天道的觀念合而為一，以董仲舒「天不變，道亦不變」的說法最具代表性。「天人合一」成為漢代思想主流有它特殊的時代背景，秦漢帝國是中國第一個統一王朝，長治久安的社會尋求文化統一，因此出現董仲舒尋求「常道」的哲學。史家司馬遷從歷史觀點講變——所謂「天人之際」、「通古今之變」，「通」字中暗含著常，「變」字中有秩序、有章法。經學、史學一直都是中國傳統的大學問，經學為常學，史學為變學，兩者相互為用，明末清初的黃宗羲指出：讀經不能用世，必須通史知變。中國人的基本態度，一面要求變，一面要求常，故《易經》〈繫辭〉「窮則變，變則通」都已成為民間諺語，可見中國人同時重視「變」與「常」。

三、魏晉以下的思想轉變

魏晉南北朝時代政治上的大變化，也引起思想方面重大轉變，經學被束諸高閣，老莊成為顯學。郭象注《莊子》說到：先王典禮必合時用，否則棄之不顧。就是說所有的典禮、制度、風氣、道德都隨著時代改變，才能適應時宜。郭象思想為魏學主流，求變、求新的觀念成為眾人追尋目標。

明末清初也是個大變動的時代，當時重要的思想家王船山提出「變」與「常」的看法。他認為「六經自我開生面」，使六經有了新的意義。另外，又以史學家的素養，解釋儒家道器學說，新科技發明後，始有科技之道。同理，堯舜之前的洪荒時代也沒有禪讓之道。這與朱熹對「理」的解釋顯然不同，朱熹認為事物未形成之前，其理已存在。王船山所代表的是十七世紀中國的新觀念，「經」已不是經常性的，它本身也要隨時代而變。與王船山思想一脈相連的章實齋，更進一步提出「六經皆史」，「經」僅是三代之常道，六經不包涵三代以後所發生事變。所以，十七、十八世紀的儒家思想已非宋明儒家思想，宋明思想亦非先秦思想。

四、近代史上的「變」與「常」

宋元理學信仰千古不滅的價值觀，如朱熹提出理不滅，王陽明天理、良知諸問題。面臨西方文化的挑戰，清末思想家將傳統的歷史哲學之「五行終始說」，五行相生、五行相剋道理用來解釋局勢變化。嚴復翻譯《天演論》後，譚嗣同接著從《易經》中找出中國人直線型的進步觀，有所謂「逆三世」，由初九的洪荒太平世，進化到九二有社會組織的昇平世，九三即衰亂期。此三世學說也可能被信奉共產黨唯物史觀者拿來附會成：原始共產社會、奴隸社會、封建社會等。「順三世」即九四衰亂始，至九五昇平。三世說成為中國歷史哲學一部分，也是中國烏托邦思想。這套「變」的歷史哲學事實上比不上西方的哲學系統。西洋自希臘時代以來，求本實、求變成長，從事物本身展現自我。希伯來人將「變」的過程交給神來決定，一切都是神的計畫。近代自然科學發展，十九世紀實證主義者相信人類社會中有規律存在，馬克思的唯物史觀即在這背景下產生。馬克思提出歷史五個階段的發展，從某階段變化到另一階段都是必然結果，他企圖架構出歷史的常道。

民初，中國陷入紊亂政局、思想上摒棄儒家道德，故馬克思主義趁虛而入，席捲了中國知識界，由一九二〇年代至一九六〇年代，馬克思的唯物史觀成為中國人追求的歷史「常道」，即歷史規律。但是，一九七〇年代中共的社會主義破產，從人民公社跳到社會主義，現在又回到社會主義初階，這些說法不論官方或私下都沒辦法證明中國存在過奴隸社會，甚至西方學者也否認希臘、羅馬社會是馬克思所謂的「奴隸社會」。既然馬克思主義被推翻，歷史必然性的說法被否認，那麼中共四十年來只得走回頭路，卻與西方科技差距愈來愈大，足足落後一百年左右。在精神狀態方面，拋棄儒家思想的結果，大陸青年不懂禮貌，缺乏理想主義，似乎回到蠻荒時代。

大體上而言，人類的文明是往前走的，但是中間總有些曲折，像大陸共產黨最初信仰馬克思主義，完全打倒中國文化，文革時期反傳統，難道就比共產黨以前的中國進步？四十年來大陸是有一點進步，但比起其他社會譬如台灣而言，大陸退步得多，進步得少。所以，找歷史的「常」是不可靠的，歷史上也沒什麼規律可言，但有一種勢。勢為一種動力，勢一旦造成，誰也無法挽回，像秦統一天下後，漢朝想恢復封建制度的政策終招致七國之亂。勢的來源，有部分是人為的，但時間相當長，一旦成勢後便無法終止、扭轉。這時，人只能跟著勢走，在歷史潮流中不可抗拒，讓人覺得是歷史必然性。人創造歷史，如義大利著名哲學家維柯（Vico）所說：只有人能了解歷史，因為歷史是人創造的。馬克思做進一步的引申說：歷史是人創造的，但人不能任意的創造歷史，還得把握若干客觀條件，連馬克思也不敢肯定歷史上一切變化都是生產工具及生產關係的變化。

就拿共產黨這個勢來講，清末許多無政府主義者在日本學得無政府主義思想，然後接觸共產主義思想，再加上蘇聯革命的衝擊，就覺得馬克思主義的革命是中國唯一出路。造成的這個勢，走了七十年，也造成過去四十年來大災禍。毛澤東死後，中共才覺悟到以前認為的「常」應該是「變」，而西方的自由市場、資本主義才是「常」。至今，共產黨在變，但能否變到一個正常的社會，仍是個未知數。

中國歷史上的「常道」思想維持了兩千年之久，至二十世紀西方勢力入侵後被打破。取而代之的是共產主義，他們依靠農民力量起來革命。然而，農民盲目地跟著知識分子走，卻誤導為歷史的「常」，造成中國無窮禍害。如今，知識分子認為共產黨破壞了規範、工農兵為主人的平等思想氾濫，受害者反而是知識分子本身，他們面臨物價上漲又不能加薪的生活壓力。

五、歷史中的「常」道

在人的歷史中，我相信有個常，那就是人要求生活、自由、追求幸福的基本人性。

人的生活包括物質生活和精神生活。人不光是要有飯吃，還要求活得有尊嚴。孔子所說，奉養父母若只給飯吃，便與飼養犬馬無異，正是這個道理。每一個人不管他社會地位多高或多低，都需要有人格尊嚴的精神生活。

人不斷追求自由、發揮自由，在這其中會產生衝突，包括個人間及團體間的衝突。因此，自由必須以秩序來維持，但社會有衝突不能依靠鬥爭方式，直到某一方勝利為止。歷史的常道告訴我們，至目前為止，沒有一個團體或階級能完全行使自由意志，把別人永久壓倒的。以奴隸社會而言，主人和奴隸地位也非絕對不變。黑格爾在權力哲學上說，主人和奴隸間，由於主人一切都必須依靠奴隸做事，失去任何生存能力，主人就成了奴隸，奴隸反成主人。同樣道理，毛澤東以他個人力量壓制十億人民，如今這人造權威已被否定。

六、結語

「常」與「變」是人類最原始的觀念。中國人所認為的「常道」即人道，就是孔子所說「為仁由己」。變的思想在中國也受到重視，如魏晉郭象、司馬遷等人都曾為歷史變局尋找思想根據，並且試圖在變中找出不變的道理來。「常」與「變」相互為用，於是經和史同時為兩千年來知識分子必讀科目。然中國人對歷史的觀念也非一成不變，他們認為歷史的常是「道」或「理」之類，而典章制度例如禮樂、考試、制度都會有所改變。

今天，歷史的綱常思想大部分受到懷疑，並可加以修正。但人的求知、求生存，及生活得有尊嚴是歷史不改的常道。講西方的民主不如講人權。每個人的人權可以消除種族、男女、思想的歧視。懂得人權才能尊重別人說話權利。伏爾泰曾說：「我完全不同意你的話，但我要爭取你說話的權利。」所以，從中國和西方思想裡最後找到一個常道就是「人權」。中國人權思想雖然不像西方那麼有系統，但基本道理是一樣的，例如中國人講「恕道」和康德所謂：「真正的道德是自我立的法，而且自己要遵守。」都是尊重人權表示。

既然，我們已經從歷史中了解常道意義，如今處在時代變局，也是個創造的時代，應該慎重地選擇我們的常道。

（原載《歷史月刊》第十一期，一九八八年十二月）

輯一

嚴復與中國古典文化

引言

遠在三十多年前，大概在史華慈教授《嚴復與西方》一書剛剛問世的時候（Benjamin Schwartz, *In Search Of Wealth and Power, Yen Fu and the West*, Harvard University Press,1964），我曾和他談到嚴復研究的問題。因為史先生原書封面上有一行副題——「在中國背景下的西方思想」（"Western Thought in Chinese Perspective"），我建議他繼續發展下去，再寫一部關於嚴復思想和中國古典文化的專書。這樣兩面觀察，嚴復在中國現代思想史上的位置便完全清楚了。史先生當時對我的建議似乎感到興趣，但他作了一個反建議，要我去作這一嘗試。這種事他也許早已忘記了，然而卻留在我的意識深處。這次承辜公亮文教基金會邀約，在「嚴復學術研討會」作一次專題報告，三十多年前的一次談話忽然浮現出來了。所以我選擇了這個題目。我過去僅僅讀過兩三種嚴譯，對他在譯者按語中提到的中國觀念很感興趣。我也讀過他身後在《學衡》上發表的七十多件〈與熊純如手札〉；一九五〇年代則在香港讀到曾克耑先生影印的《莊子評點》。我過去對嚴復的認識僅止於此。由於我的專業不是近、現代史，我從來沒有打算以嚴復為研究的對象。幾個月前收到基金會寄贈的二十冊《嚴復合集》，真是大飽眼福，頗費了一些時間把他的詩文和書札全部讀過一遍，我對他的認識比以前真切多了。但這絕不能算是研究嚴復，因為我並沒時間作系統筆記。下面我準備根據閱讀的直覺印象寫一個講詞綱要。所以我這篇急就章無法採取嚴格的學術論著方式，這是必須請大家原諒的。

十九世紀中葉以後，由於西方勢力入侵一天比一天嚴重，士大夫的危機意識因此也不斷在深化中。在此危機意識中埋藏著一個最核心的問題，便是怎樣去認識西方——當時稱之為「外夷」。清廷中無論是滿人貴族或漢人士大夫，都對

「外夷」及其背景完全摸不著頭腦。他們搜索中國的歷史，祇能找到「以夷制夷」這種不著邊際的原則。後來進步了一點，有人（如魏源）便提出「師夷之長技以制夷」，這是因為他們心目中的「外夷」祇是「船堅炮利」四個大字。其實這也不過是賈誼對付匈奴之策的修訂版而已。至於實際奉命和夷人辦交涉的官員，則祇會運用中國官場上和社會上套交情、拉私人關係的一套手段，希望對方礙於情面，在訂和約或執行政策一類的公事上面，不為已甚。費正清研究一八四二至一八五四年間的中國沿海貿易與外交，便曾指出清廷代表耆英怎樣籠絡英國代表樸鼎喳（Sir Henry Pottinger），結果則是一敗塗地。這也不能責怪耆英，因為他對於英國人的政策取向、意圖以及外交方式都一無所知。當時有關西方世界的中文資料書也少之又少，魏源的《海國圖志》（一八四四）和徐繼畬的《瀛環志略》（一八五〇）是最早而享有盛名的兩部，也不過是西洋各國的地理介紹罷了。但是曾國藩同治六年（一八六七）在兩江總督任上籌備與外國換條約事宜，從十月初到十一月初，他細讀了兩遍《瀛環志略》，因為恰好在上一年（一八六六）總理衙門重印了此書。曾氏在《日記》中說：「近閱通商房公牘，各外洋國名茫不能知，故復一涉覽耳。」（同治六年十月初五日條）試想曾國藩是當時最具通識的士大夫領袖，又身負辦洋務的重任，而昧於西方如此，這情形有多麼嚴重。咸豐、同治時期首先強調西方學術的是馮桂芬；他在咸豐末年（一八六一）寫了一部《校邠廬抗議》，其中一篇題為〈采西學議〉。他是學過西法算學的，所以知道數學在西方科學中的中心地位。但他所謂「西學」仍然僅指數學和其他自然科學與技術，他稱之為「諸國富強之術」。他主張這些「富強之術」是應該用來輔助「中國倫常名教」之「原本」的。馮桂芬可以說是「中學為體，西學為用」這一著名公式的創建人，不過未直接用「體」、「用」的名詞而已。我們都知道，這個公式被張之洞宣揚之後，成為晚清知識界的主導觀念，而嚴復則是第一個起來對它進行反駁的人。上面這一段簡要的背景敘述，是為了說明嚴復在晚清學術思想史上的地位。咸豐、同治以下，中國士大夫迫切需要認識西方，而其時無論中國學人的論著或西籍的漢譯都不能滿足這一需要。直到嚴復開始譯《天演論》，這個學術思想上大空白才填補上了。王國維在一九〇四年所寫〈論近年之學術界〉一文是當時人的第一手資料，讓我引其中一段在下面：

> 至明末而數學與曆學與基督教俱入中國，遂為國家所採用。然此等學術皆

形下之學，與我國思想上無絲毫之關係也。咸、同以來，上海、天津所譯書，大率類此類。唯近七、八年前，侯官嚴氏復所譯之赫胥黎《天演論》出，一新世人之耳目。比之佛典，其殆攝摩騰之《四十二章經》乎？嗣是以後，達爾文，斯賓塞之名騰於眾人之口，「物競天擇」之語見於通俗之文。（海寧王靜安先生遺書本《靜安文集》）

王國維把《天演論》比之漢末譯出的《四十二章經》，就某一意義上，是很富於啟示性的。佛教教義本是印度產品，但漢、晉以來，佛學不但進入了中國，並且逐漸和中國古典文化融成一體了。士大夫無論是信仰還是排斥釋氏，都不能不具備一定程度的佛教知識。換句話說，佛學已是士大夫文化修養的一個基本成分了。

十九世紀中葉以後，中國士大夫在思想上和實際生活中，都要求對西方作為一個相異的文化系統具有基本知識，但當時西方傳教機構和江南製造局所譯的西書則無法承擔這一任務。由於各種因緣的湊合，這個「天降大任」便落到了嚴復的身上。《天演論》是第一部影響到整個中國思想界的西方學術著作，正如《四十二章經》是第一部流行極廣的佛經譯本一樣。

在進入嚴復的討論之前，讓我再解釋一下本文所用「中國古典文化」一詞的特殊涵義。剛剛說過，佛教雖是印度傳來的，後來卻成了中國古典文化的一部分，因此自六朝以來便有儒、釋、道三教之說。同樣的，嚴復所譯的西方學術與思想，當時以最高速度進入了士大夫的「識田」（嚴復喜用此佛語）之中，因而為中國古典文化增加了一個嶄新的層面。自此以後，無論是傳統士大夫或現代知識分子，他們的「識田」中都種下了中國、印度和西方這三支源遠流長的文化因子。因為此三支都源出古代，所以我稱之為「古典」。概括言之，「中國古典文化」這個概念在本文中，主要指清末民初中國士大夫或知識分子在精神訓練過程中所取得的文化修養。我也可以稱它為"elite culture"但因"elite"譯成中文總欠妥貼（如「精英」、「領導分子」之類），故祇好避開。如果討論的時限止於清末，那麼「士大夫文化」自是"elite culture"的最適當譯法。但嚴復卒於民國十年，「士大夫」已被「知識分子」取而代之了。以上是為「中國古典文化」在此文的特殊用法作一澄清，以免讀者的誤會。

為了較為準確地判斷嚴復在晚清學術思想界的貢獻，我們必須從陳澧（一八一〇—一八八二）關於學術的分類談起。陳澧在同治三年（一八六四）與友人書中指出：

有士大夫之學，有博士之學；近人幾無士大夫之學。士大夫之學，更要於博士之學，士大夫無學，則博士之學亦難自立矣……略觀大意，士大夫之學也。《漢書・藝文志》云：「存其大體，玩經文而已。」此即所謂略觀大意，不求甚解。不獨士大夫之學為然，即老博士之學亦然。老博士專明一藝，其餘諸書豈能求甚解哉？（《東塾集》卷四〈與胡伯蓟書〉）

所謂「士大夫之學」和「博士之學」的分別，簡單地說，便是「通識」和「專業」的不同。博士「專明一藝」，所以是專家，其知識限於他的專業範圍之內。但陳澧的「士大夫之學」則是一個新概念，和以前的人（如章學誠）所講的「通方」不同。過去講「通」與「專」的關係是要每一個學者都能兼具「專業」和「通識」。現在陳澧所說的「士大夫」則指政治、社會、文化各方面的領袖人才，他們和「專明一藝」的專家是兩種不同類的社會角色。陳澧生在乾、嘉考證學從極盛到始衰的時代，而且又值中國內憂外患交集之際，眼見當時人才多偏於「博士」的專狹一型，不足以挽救他所關心的「世道衰亂」，因此他才希望「士大夫」能發展出一套「觀大意」、「存大體」的通識之學。「士大夫」負領導政治與社會的責任，他們需要有貫通性、綜合性的知識，以為判斷和決定重大問題的根據。陳澧的構想與當時學術範圍內所謂「通義」並不是一件事，故我說「士大夫之學」是一個新的概念。

但這個新概念在陳澧生前並未能實現，嚴格地說，十九世紀下半葉的「士大夫之學」必須兼採中西兩大系統，才能對「世道衰亂」發生挽救的功效。這已是當時人的一種共識。張之洞在《勸學篇》（一八九八）中稱之為「新舊兼學」，他說：

> 四書、五經、中國史事、政書、地圖為舊學；西政、西藝、西史為新學。舊學為體，新學為用，不使偏廢。（「設學第三」）

姑不論「體」、「用」之說是否適當，張之洞這裡所規定的內容，確實反映了清末人關於「士大夫之學」的構想。與此相對照，張氏在光緒元年（一八七五）所刊行的《書目答問》則全是為治「博士之學」的人而設計的，所以版本、校勘、注釋都講究得十分到家。

現代文化論說的前奏曲

由此可知，晚清古典文化中存在著「士大夫之學」和「博士之學」兩大類。前者的特色是通博，後者的特色是專精，但第一類中則已包括了「西藝、西政、西史」的「新學」。根據這一分類，我們可以毫不遲疑地斷言：嚴復的突破性的成就，主要在於他開闢了一個匯通中學和西學的「士大夫之學」。在「五四」新文化運動興起以前，他的論說和譯著為士大夫的革新議論樹立了一個全新的典範。《時務報》時期（一八九六—一八九八）撰寫〈變法通議〉和〈西學書目表〉的梁啟超，對他的批評和規勸真有刻骨銘心的感受。（見《飲冰室文集之一，與嚴幼陵先生書》）梁氏在給康有為的信中說：「嚴幼陵有書來，相規甚至……此人之學實精深，彼書中言，有感動超之腦氣筋者。」（見丁文江、趙豐田《梁啟超年譜長編》，上海：上海人民出版社，一九八三，頁七七引）胡適一生受赫胥黎的影響最大，一直到晚年在紐約還搜求赫胥黎全集（《胡適日記》第十七冊，一九五二年一月十五日條），這當然也是受嚴譯《天演論》之賜。梁、胡兩人各自在中國近代思想史上代表了一個重要階段，但追源溯始，他們都是在嚴復的典範下孕育出來的。甚至新文化運動時期展開的中西文化爭論，其最初的源頭也必須追溯到嚴復一八九五年的〈論世變之亟〉一文。這樣看來，嚴復在清末所開創的「士大夫之學」其實也可以說是中國現代政治與文化論說的前奏曲。

嚴復、梁啟超和胡適都屬於以學術推動現代化的通才，而不是終身從事於「博士之學」的專家。

民國二十一年陰曆除夕（西曆已一九三三），陳衍（一八五六—一九三七）評論嚴復的舊學如下：

為學總須根柢經史，否則道聽塗說，東塗西抹，必有露馬腳狐尾之日。交好中遠如嚴幾道、林琴南，近如冒鶴亭，皆不免空疏之譏。幾道乃留洋海軍學生，用夏變夷，修文偃武，半路出家，未宜苛論。（錢鍾書《石語》）

陳衍接著便指出林紓如何不通訓詁，怎樣在經學上鬧出許多笑話，對於嚴復卻就此放過了。我覺得這番話最能說明「博士之學」和「士大夫之學」的根本差別。陳衍雖以詩名家，他的學問基礎確在清代經學訓詁方面，而且著作不少。他生平最得意的一件事是戊戌（一八九八）年在張之洞幕府夜談。張之洞賣弄淵博，引〈陶淵明傳〉中關於「稻」、「秫」的記載，說「稻以造黃酒，秫以造燒酒。」陳衍馬上引〈月令〉「秫稻必齊」之語，證明古已有之。張為之嘆服。（見黃濬《花隨人聖盦摭憶》，上海：上海古籍出版社，一九八三，〈補篇〉，頁一〇九）。這種博聞強記是清代經學家最自負的功夫。其風氣已始於清初的閻若璩。從事於「博士之學」的經學家，往往恃此傲視一般具通識的士大夫或擅創作的文人。陳衍說嚴復、林紓「空疏」，便是用「博士之學」的嚴格標準來衡量這兩位死友。他自己也未嘗不感到這樣的指摘失之於「苛」，至少對於嚴復，他已明言「未宜苛論」。

但是換一個角度看，陳衍的話也透露出一個重要事實：他畢竟承認嚴復在中國傳統學問的領域內，已取得「我輩中人」的資格，不過以專家的標準說稍嫌「空疏」而已。相對於一個「用夏變夷、修文偃武、半路出家」的「留洋海軍學生」而言，嚴復的成就是驚人的。這裡我們不妨略追溯一下他從海軍專家變成「碩學通儒」的歷程。（宣統二年嚴復以「碩學通儒」徵為資政院議員。）

嚴復於一八七九年從英倫回國以後，曾在李鴻章的水師學堂任職多年，但他的專業才能顯然沒有得到發揮。他在《群學肄言．譯餘贅語》中告訴我們：

> 不佞讀此在光緒七、八之交（一八八一—一八八二），輒嘆得未曾有。生平好為獨往偏至之論，及此始悟其非。（《合集》本，頁九）

這是他在天津水師學堂總教官的第二、三年，但已移情於西方社會科學。這是他在專業方面受挫折的一種反映。此後，他又屢次參加鄉試，希望通過科舉途徑以發展抱負，但又一再落第。一九一〇至一九一一年之間，他在〈致梁啟超〉中說：

> 憶昔居英倫時，與日人伊藤博文氏同窗數載，各與國事皆有同感。然伊公回國後，所學竟成大用。而兄返國後，與香濤督部首次晤面即遭冷遇。以後

即始終寄人籬下，不獲一展所長。相形之下，彼此何懸殊之甚耶？（《合集》本《嚴復未刊詩文函稿及散佚著譯》，頁八）

這封信的內容，以前已有流傳，但原件最近始出現，十分可貴。信寫得很沉痛，更證實了他的挫折感之深。一八九四年（光緒甲午）他在〈與四弟觀瀾書．三〉中說：

兄北洋當差，味同嚼蠟。張香帥於兄頗有知己之言，近想舍北就南，冀或乘時建樹耳，然預明年方可舉動也。（《嚴復文集編年（一）》，《合集》本，頁二六）

這封信恰可與上引〈致梁啟超〉書合看。他在李鴻章手下不得意，張之洞想乘機招致他去漢口，因此他動心了。可見從一八七七年回國到一八九四年，他的抱負始終在建立功業方面，不在以學問言論與世共見。張之洞為什麼「冷遇」他，今已無考。但他在第二年（一八九五）寫〈闢韓〉一文，張之洞「見之大怒」（見一八九七年〈與五弟書〉，同上，頁一一七，參看王蘧常《嚴幾道年譜》，上海：商務印書館，一九三六，頁三〇），如果初見在〈闢韓〉刊出以後，或嚴復在言談中露出了文中「尊民叛君」的思想，則兩人之間不能相契是毫不足異的。無論如何，嚴復在回國十幾年中，他的奮鬥目標是「立功」而非「立言」，已可由上引資料獲得確定不移的結論。一八九五年是他從「立功」轉入「立言」的關鍵時刻。這一年他發表了〈論世變之亟〉、〈原強〉、〈闢韓〉、〈救亡決論〉等名文，影響之大，無與倫比。這是他走向「碩學通儒」的始點。

嚴復至老手不釋卷

嚴復的中學和西學都是自修而成的，與他的海軍專業毫無關係。《嚴幾道年譜》載：

同治二冬癸亥（一八六三），先生十一歲，本年……同邑黃少巖布衣（昌彝）館於家。布衣為學，漢、宋並重，著有《閩方言》等書。於是先生始治經，有家法，飫聞宋、元、明儒先學行。時與他人合賃一屋，居樓上，每夜

樓下演劇，布衣輒命就寢，劇止，挑燈更讀。其嚴如此。（頁三）

這段記述最多祇能說明嚴復在十一至十三歲時受過兩年的嚴格訓練，在國學方面打下了基礎，因此後來可以繼續自修。（黃昌彝死在同治四年。）至於「治經、有家法」、「漢、宋並重」云云，則與嚴復成學後的表現不相合，未可過於認真。他的同鄉後輩黃濬概括他的自修狀況倒是很可信的：

先生博學通識，瀟灑自喜，歸國始治學，而至老矻矻終年，手不釋卷，非近日學生所及。（《花隨人聖盦摭憶》，頁九八）

嚴復在死前四個月〈與熊純如書．一〇六〉云：

還鄉後，坐臥一小樓舍，看雲聽雨之外，有與時稍稍臨池遣日，從前所喜哲學、歷史諸書，今皆不能看，亦不喜談時事。（《文集編年（四）》，頁一三一五）

這時他的病已很深，不能看書了，可證黃濬所云「至老……手不釋卷」一點也沒有誇張。

嚴復正式接觸到專業以外的西方學術和思想，大概始於他在英國習海軍的時期，即一八七七至一八七九年。據郭嵩燾《使英日記》（一八七八—一八七九），嚴復此時已深感「西洋學術之精深，而苦窮年莫能殫其業。」在當時許多留學生中，他顯然是最具通識而觀察力也最敏銳之一人。郭氏《日記》中屢稱賞他的「才分」，也擔心他「氣性太涉狂易」或「嫌其鋒芒過露」。但歷數英、法兩地的高材留學生，郭嵩燾獨許嚴宗光（復）「交涉事務，可以勝任」，並說「以之管帶一船，實為枉其材。」（見《未刊詩文》附錄，《合集》五，頁二二三—二三七）這些記載說明在郭氏眼中，祇有嚴復才能對西方有比較全面而深入的認識。換句話說，嚴復不止是一海軍專家，而且是一堪任使節的通才。

由於在英倫期間嚴復的求知興趣已越出專業範圍，我們可以推測他回國之前也許已收藏了不少當時流行的哲學和社會科學書籍，如一八八一年所讀的斯賓塞《群學肄言》之類。據郭嵩燾《日記》所記（同上，頁二二三—二二四），嚴復在英倫時，不但學校課程排得十分緊密，而且課堂之外還有許多實習活動。他決不可能有太多餘暇遍讀課外書。所以他有系統地治西學也是歸國以後的事。我們還可以進一步推測，他廣讀斯賓塞、赫胥黎、穆勒、亞丹斯密、孟德斯鳩諸家著作，也許是因為「北洋當差，味同嚼蠟」的緣故。一八九四年他給長子的信，可以為證。（《文集》一，頁二四—二五）。

嚴復回國後自修中國舊學的經過，由於資料缺乏，我們也無從知其詳。首先我們很容易想到，他在北洋水師時期，和當代著名文士和學人頗有過從，其中更多福建同鄉，如陳寶琛、林紓、陳衍、鄭孝胥等人。（參看王蘧常《年譜》，頁八）師友交遊往往是古人成學的一個重要途徑。但是以嚴復的經歷而言，我認為他參與科舉考試的事是值得重視的。從一八八五到一八九三年，他一共參加了四次鄉試，因此他在三十歲至四十歲之間曾為準備考試而閱讀經史等基本典籍。雖然學習八股文的寫作必然也占去了相當大的一部分時間，但這一功夫仍然不失為對於運用古典文字的一種有效訓練。無論如何，嚴復在此十年間，有系統地沉浸於舉業之中，補上了他十五歲便已中斷的傳統教育。經過這一階段，他雖然是「半路出家」的留學生，他在中國古典文化方面的一般修養，已與同時代的士大夫沒有很大的區別了。嚴復潛修中西典籍，以今所見資料而言，大概在一八八一至一八九四年這十幾年中。一八八一年是初讀斯賓塞《群學肄言》之年，上面已提過了。一八九四年他在〈與長子嚴璩書〉中說：

我近來因不與外事，得有時日多看西書，覺世間惟有此種是真實事業，必通之而後有以知天地之所以位、萬物之所以化育，而治國明民之道，皆捨之莫由，但西人篤實，不尚誇張，而中國人非深通其文字者，又欲知無由，所以莫復尚之也，且其學絕馴實，不可頓悟，必層累階級，而後有以通其微。及其既通，則八面受敵，無施不可。以中國之糟粕方之，雖其間偶有所明，而散總之異、純雜之分、真僞之判，真有不可同日而語也。（《文集》，頁二四—二五）

這封信除透露了嚴復在一八九四年閉戶讀西書的事實外，還明確表達了他對中西著作的比較觀，由此可見他在知識系統方面已完全心折於西方。「中國之糟粕」一語中，「糟粕」即是書的代稱，出《莊子・天道》「所讀者古人之糟魄」。王安石〈讀史〉有「糟粕所傳非粹美」句，即用《莊子》。《莊子》和

《荊公詩》都是嚴復最愛好的作品，故筆下自然流露了出來。我們不能確定「糟粕」用在這裡是否必含有貶義，更不敢斷言它究竟指一切中國書（包括古代經典在內），還是僅指後世或當代的著作。他當時所讀的西書主要是《天演論》、《群學肄言》一類作品，其系統性與邏輯性確是一般中國書所不能比的。但是他雖全面接受了西方的知識系統，卻不表示他在價值系統方面也完全倒向了西方。事實上，我們都知道，他的價值系統始終未曾遠離儒家軌道，僅僅作了部分的調整而已。本文不能討論這個大問題，姑止於此。

正因為接受了西方的知識系統，他才始終強調中國古書中隱藏的道理必須通過現代西學才能得到發明。這個意思他隨時隨地都在發揮，所以他從不擔心西學興起會導致中國舊學的衰亡。二十世紀的中國學術界基本上是沿著這條路走下來的。至於後來所衍生的種種流弊，則可以說是「人病」而非「法病」，我們不能把責任推到他的頭上。但在清末而言，這正是他對中國古典文化的一大貢獻。為什麼他評點的《老子》會得到夏曾佑、陳三立等人那樣擊節稱賞（見〈夏曾佑與熊元鍔二敘〉，又見〈致熊季廉·二七〉，《未刊詩文》，頁四七）？那當然是因為他的「評點」處處用西方的哲學、歷史、宗教、甚至科學（如進化論）來闡明《老子》的現代意義。為什麼一九一二年馬其昶（通伯）借去他評點本的《莊子》不肯歸還（見〈與熊純如書．八〉，《文集》三，頁八二九）？還不是因為其中所引盧梭和其他法國思想家之說是這位《莊子故》的註家所不曾夢見的？嚴復的新「格義」雖然未必是大家都能接受的，但是他畢竟為我們理解古書開創了一條新路，因而使中國古典文化的內容變得更豐富了。

但是嚴復對中國古典文化最大的貢獻，終在他的譯書事業，而他的譯書之所以獲得空前的成功，則是和他的文學造詣分不開的。誠如吳汝綸在《天演論》的〈序〉中所云：

> 文如幾道，可與言譯書矣。往者釋氏之入中國，中學未衰也，能者筆受，前後相望，顧其文自為一類，不與中國同。今赫胥黎之道，未知於釋氏何如？然欲儕其書於太史氏楊氏之列，吾知其難也；即欲儕之唐、宋作者，吾亦知其難也。嚴子一文之，而其書乃駸駸與晚周諸子相上下，然則文顧不重耶！（《合集》本，頁一七四）

吳汝綸是當時聲望最高的桐城派古文大家，他說《天演論》「駸駸與晚周諸子相上下」，這才會引起不知西學為何物的士大夫競讀其書。嚴譯暢行得力於它的古文，當時讀者胡適的話最可作證：

嚴復的英文與古中文的程度都很高，他又很用心，不肯苟且……他說，「一名之立，旬月踟躕；我罪我知，是存明哲。」嚴譯的書，所以能成功，大部分是靠著這「一名之立，旬月踟躕」的精神。

胡適引《群學肄言》一段譯文示例之後，又說：

這種文字，以文章論，自然是古文的好作品，以內容論，又遠勝那無數「言之無物」的古文；怪不得嚴譯的書風行二十年了。（見〈五十年來中國之文學〉，收在《胡適作品集》第八冊，台北：遠流，頁八二——八三）

胡適的名字便是從「適者生存」而來，也就是受了「一名之立，旬月踟躕」

之賜。嚴譯名詞流傳至今而成為我們日常用語的，所在多有，「烏托邦」（Utopia）和「單位」（Unit）便是兩個現成的例子。這是他文字錘煉的卓越表現。

嚴復早年便有文學才能，十五歲考馬江學堂，試題〈大孝終身慕父母〉，他便得了第一名。（見〈送沈濤園備兵淮揚〉詩「尚憶垂髫十五時，一篇大孝論能奇」句下自註。《文集》，頁二四四）但此後十幾年因學海軍專業，他自然沒有時間在古文上用功了。依我的推測，他在三十歲前後，為準備下考場，才開始重拾舊歡。一九〇〇年他在〈與吳汝綸書・二〉中說：

> 復與文章一道，心知好之，雖甘食耆色之殷，殆無以過。不幸晚學無師，致過壯無成。雖蒙先生獎誘拂拭，而精力既衰何？假令早遇十年，豈止如此？（《文集》，頁二〇三）

此中「過壯無成」正指三十歲以後。但這封信也透露出他對「文章」的愛好超過一切。桐城派一向遵從姚鼐義理、考據、詞章的三分。嚴復在「義理」方面傾向西方式的邏輯思維。「考據」對於他而言則是西方的格致諸科，所以他在〈與梁啟超書．一〉中說：

無似因緣際會，得治彼學二十餘年，顧自揣所有，其差有一日之長者，不過名物象數之末而已。（《文集》一，頁一〇五）

這裡「名物象數」一詞正是借用經學考據的術語。但唯「詞章」一門，他始終追求中國的古色古香。一九一九年〈與熊純如書．八十九〉云：

試看經史，至唐、宋以來，立言大家，其用字行文，皆以峻潔平淡為貴。平平一言，竭畢生精力難副者有之矣。此乃詩文極祕之旨，聊為老弟言之，不識能相喻否也。（《文集》四，頁一二三二）

這是他晚年以畢生治詞章的心得傳給熊純如。「平淡」是從千錘百煉中得來的，所以「平平一言，竭畢生精力難副」。這是他「一名之立，旬月踟躕」的終極依據。事實上，「峻潔平淡」可以說是一切文章的極則，中文如此，外文亦然，古文當爾，白話也不例外。這時白話文初興，他僅「聞」其說，又受了林紓的影響，所以才堅決反對「文白合一」（〈與熊純如書‧八十三〉，同上，頁一二一）。但是我們也可以從這件事看出他的「古典」立場；這個立場使他不屑一味徇「俗」以媚世，因而成為中國「雅」文化的一個有力的護法。此中得失，非片言可決，這裡祇能微引端緒而已。

最後我想指出，嚴復的譯作和今天一般理解中的「翻譯」未可同日而語。讓我們引他自己的話來說明這個問題。《天演論‧譯例言》一則曰：

> 譯文取明深義，故詞句之間，時有所傎到附益，不斤斤於字比句次，而意義則不倍本文。趁題曰達恉，不云筆譯，取便發揮，實非正法。

再則曰：

> 此在譯者將全文神理融會於心，則下筆抒詞，自善互備。至原文詞理本

深，難於共喻，則當前後引襯，以顯其意。（《文集》本，頁一七六）

這兩段話告訴我們，他的方法是「達恉」，而不是「筆譯」。這個方法是把原書反覆閱讀，融會貫通，並得其神理之後，再用古文的結構重新寫出來。換言之，他像蠶一樣，消化了桑葉以後才吐出絲來。這是必須具備學問和文字雙重最高的功力才能奏效的。他為什麼要這樣做呢？因為他要同時克服《譯例言》開端所說的「譯事三難：信、達、雅」。嚴譯俱在，讀者不妨自行檢驗。

在結束本文之前，讓我姑舉二例以說明他在信、達、雅三難上的實踐。第一個例子便是「信、達、雅」。一百年來，中國的讀者都奉信、達、雅為譯事的三個最高原則，而且也都假定這是嚴復本人的創造，因此沒有人追問過這「三難」的來源。十九世紀初英人狄特勒（A. F. Tytler）在《翻譯原則論》（*Essay on the Principles of Translation*, The Third Edtion, Edinburgh，1813）中提出了以下三大原則：

第一，須將原作中的觀念，完整譯出。

第二，譯文的風格須與原作一致。

第三，譯文須與原文同樣的流暢。（見頁一六）

這便是嚴復「三難」之所本，第一是「信」；第二是「達」；第三是「雅」。

他譯這三原則本身便符合了信、達、雅的最高標準。

第二個例子是錢鍾書發現的。《談藝錄》說，

> 嚴幾道號西學鉅子，而《瘉野堂詩》詞律謹飭，安於故步；惟卷上〈復太夷繼作論時文〉一五古起語云：「吾聞過縊門，相戒勿言索」，喻新句貼。余嘗指以質人，胥歎其運古入妙，必出子史，莫知其直譯西諺“il ne faut pas parler de corde dans la maison d'un pendu”也。點化鎔鑄，真風爐日炭之手。
>
> （補訂本，北京：中華書局，一九八六，頁二四）

嚴復與中國古典文化的關係，在這兩個例子中充分表現出來了。

（原載《聯合報》，一九九九年七月十一日至七月十二日）

戊戌政變今讀

前言

《二十一世紀》決定在今年刊出「戊戌百年」的專號，邀我參與盛舉，義不容辭；但因迫於時限，寫不出研究性的史學論文，只能從一個普通讀史者的角度對戊戌維新這件大事進行一些零星的反思。戊戌維新是中國近代史上體制改革的第一次嘗試，不幸以悲劇收場。今天中國似乎又重新回到了體制改革的始點，面對的困難則遠比一百年前複雜而深刻。這真是歷史的惡作劇。克羅齊（Benedetto Croce）有一句名言：「一切歷史都是現代史。」我們今天重溫百年前戊戌的往史，無論怎樣力求客觀，終不能完全不受當前經驗的暗示。事實上，讀史者以親身經歷與歷史上相近的事變互相印證，往往可以對史事引發更深一層的認識，這已是史學上公認的常識。下面所論間有以今釋昔之處，即取義於此，既非附會，更無所謂影射。讀者幸勿誤會。又本文的重點在重新理解戊戌維新最後失敗的一幕，並非對變法運動作全面的評論，所以題目中特標「政變」兩字。這也是應該事先說明的。

一

戊戌維新百年來不斷激動著讀史者的遐想。辛亥革命以後，不滿意中國亂象的人常常發出一種慨歎：如果戊戌維新像日本明治維新一樣地成功了，中國也許早就順利進入了現代化的建設歷程。這種感慨是很自然的，但也隱含著一個歷史判斷，即認為戊戌維新未嘗沒有成功的可能性。

最近二十年來，由於「革命」的觀念在全世界範圍內普遍退潮，漸進的「改革」開始受到前所未有的重視。以我所知的史學界的情況言，一九八九年西方史學家紀念法國大革命二百週年，其基調與百年紀念時（一八八九）的熱情讚揚已截然不同。法國革命所追求的理想如人權、自由、平等、博愛等雖然仍值得肯定，但革命暴力則受到嚴重的質疑。[1]沙碼（Simon Schama）著《公民：法國革命編年史》（*Citizens: A Chronicle of the French Revolution*）一書，更強調革命以前的法國貴族及官僚中的改革家對於法國的現代化有重要的貢獻。「改革」與「革命」不是互不相容，而是延續不斷的一系列的體制變動。革命中的暴力恐怖只有毀滅秩序的負面作用，決不應再受到我們的繼續歌頌。不用說，史學家之所以改變了他們的看法，主要也是因為受到一九一七年俄國革命以來歷史經驗的啟示。[2]

中國自然也參與了這一新的思潮，於是一九八〇年代以後「改革」的正面涵義又重新被發現了。在學術思想界，戊戌維新的評價因此也發生了變化。李澤厚

1 Ference Fehér, ed., *The French Revolution and the Birth of Modernity*（Berkeley: University of California Press, 1990）.

2 Simon Schama, *Citizens: A Chronicle of the French Revolution*（New York: Alfred A. Knopf, 1989）. 關於俄國革命可看Richard Pipes, *The Russian Revolution*（New York: Alfred A. Knopf, 1990）; *Russia Under the Bolshevik Regime*（New York: Alfred A. Knopf, 1992）.

和劉再復的對話錄——《告別革命》——在這一方面是有典型意義的，無論各方面評論家對它作出怎樣的解釋。他們顯然惋惜戊戌維新沒有成功，終於使中國走上了暴力革命的道路。[3]

我不想在這裡涉及「革命」與「改革」之間的爭議，本文的主旨僅在於對戊戌維新為什麼失敗這一點有所說明。但這並不是一篇有系統的論文，而是就若干關鍵性的問題提出片斷的觀察，因此各節之間也沒有必然的邏輯關係。

二

照一般歷史分期，戊戌變法似乎自成一獨立的階段，其前是同治以來的自強運動（或稱之為洋務運動），其後則是辛亥革命。我現在對這一分期發生了疑問。如果把變法局限於戊戌這一年之內，則所謂變法一共不過延續了三個多月（一八九八年六月十一日至九月二十一日），而且除了無權的皇帝頒布了一些主張變法的詔書以外，毫無實際成就可言。這不可能構成歷史上一個發展的階段。但若以甲午戰敗後康有為創辦強學會（一八九五）等一系列的活動來概括戊戌變法，則戊戌變法事實上只是同、光「新政」的一種延續和發展，不過因時局的緊迫而突然尖銳化了。[4]正因如此，康有為變法的號召才能立刻獲得朝廷和地方大吏的熱烈反響。不但北京的光緒帝與翁同龢、徐致靖等在中日和議後（一八九五）立即籌劃大規模的變法，外省如張之洞、劉坤一、陳寶箴等人都熱心贊助康有為組織強學會和辦報的活動。其中陳寶箴且在一八九五年任湖南巡撫後進行了全面的地方改革計畫，並聘梁啟超為湖南時務學堂總教習。當時輔助陳寶箴的地方官如黃遵憲、江標等人也都「以變法開新治為己任」。[5]因此湖南的變法成為全中國的模範，戊戌維新在理論上是由康有為領導的，但其實踐的基礎則是由湖南變法所提供的。

陳寅恪曾指出，清末變法有兩個不同的來源，不容混而為一。他的祖父陳寶箴因受郭嵩燾「頌美西法」的影響，基本上是「歷驗世務，欲借鏡西國以變神州

3 李澤厚、劉再復：《告別革命——回望二十世紀中國》（香港：天地圖書公司，一九九五），特別是頁六五—七八。

4 可參看蕭公權：《中國政治思想史》（台北：聯經出版事業公司，一九八二），頁七二八—七三〇。

5 陳三立語，見陳寅恪：《寒柳堂集》（上海：上海古籍出版社，一九八〇），頁一七七引。

舊法」。這和康有為「治今文公羊之學，附會孔子改制以言變法」，完全是兩條不同的途徑。[6]「歷驗世務」云云，即指同光以來的種種「自強」措施，如立學堂講西學、辦實業、設工商局等等。這些技術層面的變法最後都不可避免地逼出了體制方面的改革要求。換句話說，同光以來地方性的、局部的和技術性的長期改革在甲午戰敗遇到了一個最大的危機，即如果沒有涉及基本體制的全面改革，則自強運動已陷於停滯不進的困境。康有為適在此時提出「統籌全局」的變法，自然受到自強派領袖人物的普遍支持。甚至李鴻章在政變後也表示：康有為關於全面變法的主張，正是他自己數十年來想做而未能做到的。[7]所以陳寅恪指出戊戌變法中有「歷驗世務」的一源是極其重要的，使我們認識到戊戌變法並不是完全出於康有為一派的提倡，而同時也是自強運動本身的必然發展。這樣看來，我們與其把戊戌變法看作一單獨的歷史階段，不如把它看作是自強運動的最後歸宿。這樣的解釋比較更合乎當時的實況。但康有為、譚嗣同、梁啟超等人的歷史作用並不因此而有所減低，他們「畫龍點睛」的功績仍然是不可否認的。

　　現在讓我借用現代的經驗來進一步闡明戊戌變法的歷史曲折。第一、戊戌變法毫無疑問是針對中國傳統體制提出了全面改革的要求。其中如開國會、定憲法的主張已完全突破了中國傳統的政治體制。上面已指出，這一全面體制改革的要求並非突如其來，而是從以前自強運動中的局部變法一步步逼出來的。這一點嚴復早在一八九六年二月與梁啟超討論變法問題時便已點破，即所謂「一思變甲，即須變乙，至欲變乙，又須變丙」。[8]可見基本體制的改革往往牽一髮而動全身，一經發動，便如危崖轉石，非達於平地不止。最近二十年中國又在經歷著另一場牽動著全部體制的基本改革，其最後歸趨如何，今天還未到明朗化的階段。可以說的是：這次改革的要求也起於嚴重的危機，不過與戊戌時代不同，危機的根源不在外來的侵略，而出於內在體制的惡化。不但如此，這次改革也是從地方的局部「變法」開始的。最初是農村經濟的改革，繼之則有城市經濟改革的發動；在經濟改革初見成效之後，改革的浪潮已衝擊到政治和法律的領域。這樣一

6 同上書，頁一四八—一四九。

7 見丁文江與趙豐田編：《梁啟超年譜長編》（上海：上海人民出版社，一九三八），頁一九七—一九八引孫寶瑄：《日益齋日記》光緒二十五年十二月十二日條。按此年日記已佚，故今刊本孫氏《忘山盧日記》未收。

8 王蘧常：《嚴幾道年譜》（上海：商務印書館，一九三六），頁二九。

波接著一波，終於激成了一九八〇年代末期的全國大動盪。這一歷程和晚清自強運動到戊戌變法的發展，先後如出一轍。

第二，一九八〇年代中期，政潮激化中也出現了兩股來源不同的改革力量：一股是黨政內部執行「改革開放」政策的各級幹部。他們的處境和思路大致很像清末「歷驗世務，欲借鏡西國以變神州舊法」的自強派。從實際經驗中，他們似乎已深切認識到，無論是新科技的引進或局部的制度調整，最後都不免要觸動現有體制的基礎。不過在意識型態上，他們仍然是所謂「體制內」的改革者，儘管他們所要求的改革幅度也許會導致現有體制的解構。另一股力量則來自知識分子，特別是青年學生。他們是理想主義者，接受了許多剛剛引進的西方觀念和價值，因此像康有為一樣，以激昂的姿態提出「全變」、「速變」的要求。但是他們的基調也仍然是「變法」而不是「革命」。因此他們採取的方式是「和平請願」、甚至「下跪上書」，這就和康有為領導的「公車上書」之間更難劃清界線了。

這兩派也和戊戌變法的自強派和立憲派一樣，在危機最深刻的關頭，曾一度有合流的傾向。但二者之間也始終存在著緊張。其共同的悲劇結局尤其與戊戌變法相似，或死、或囚、或走，總之是風流雲散，而所謂體制改革也從此陷入僵局。

具體的歷史事件決不可能重複上演。但是在某些客觀條件大體相近的情況下，我們也不能否認歷史的演變確有異代同型的可能。過去史學界一度曾流行過「朝代循環」說。其實，中國史上並沒有嚴格意義的「朝代循環」，不過在傳統格局不變的情況下，異代同型則往往有之。現代「體制改革」的歷程及其結局之所以能照明百年前的戊戌往史，正是因為這兩次改革運動之間的具體事象雖不能相提並論，但以整體結構而言，則相同之處終是無法掩飾的。關於這一點，一九八〇年代末改革運動的參與者便已隱約地有所察覺。下面再略舉一二端以發其覆。

三

戊戌變法失敗的原因很多。依我個人的看法，其中最根本的原因則是國家利益和王朝利益之間的衝突。一八九八年舊曆三月康有為在北京召開保國會，聲勢極為浩大，引起守舊派的強烈反對。據梁啟超說，當時最有力的反對口號便是御史文悌所上長摺中「保國會之宗旨在保中國不保大清」這句話。[9]可見在守舊派眼中，變法即使有利於中國也將不利於清王朝的統治。這是戊戌變法失敗的總關鍵。

但清王朝是滿洲人建立的，因此國家與王朝之間的利害衝突，最後終於集中在滿漢之間的衝突上面。戊戌變法的一個最直接的後果，便是滿族統治集團忽然警覺到：無論變法會給中國帶來多大的好處，都不能為此而付出滿族喪失政權的巨大代價。梁啟超有一段生動的記述：[10]

當皇上云改革也，滿洲大臣及內務府諸人多跪請於西后，乞其禁止皇上。西后笑而不言。有涕泣固請者，西后笑且罵曰：汝管此閑事何為乎？豈我之見事猶不及汝耶？……蓋彼之計畫早已定，故不動聲色也。

從此處著眼，我們便不難看出，圍繞著戊戌變法的激烈政爭決不可單純地理解為改革與守舊之爭。最重要是當時滿族統治集團本能地感覺到，決不能為了變法讓政權流散於被統治的漢人之手。開國會、立憲法則必然導致滿人不再能控制政權，他們享受了兩百多年的特權和既得利益便將從此一去不復返了。

當時並不排滿的漢族知識分子對這一點也看得很清楚。限於篇幅，姑舉一九〇一年孫寶瑄讀魏源〈進呈元史新編序〉的按語為例。魏〈序〉說元朝之盛超過漢、唐，既無昏暴之君，又無宦官之禍，僅僅因為最後一朝「內北國而疏中國，內北人而外漢人、南人」便「漁爛河潰而不可救」。孫寶瑄的按語說：[11]

本朝鑑元人之弊，滿漢並重，不稍偏視；故洪楊之亂，猶恃漢人為之蕩平。迨戊戌以後，漸漸向用滿人，擯抑漢人，乃不旋踵禍起輦轂，宗社幾至為墟，噫！

孫氏偏袒清王朝，故「滿漢並重，不稍偏視」的說法完全與事實不符。然而

9 梁啟超：〈戊戌政變記〉，《飲冰室合集》，專集之一，頁七六。
10 梁啟超：〈戊戌政變記〉，《飲冰室合集》，專集之一，頁六三。
11 見孫寶瑄：《忘山廬日記》，上冊（上海：上海古籍出版社，一九八三），頁三七三。

他也不能不承認，戊戌以後清廷已公開採取了「向用滿人，擯抑漢人」的政策，終於招來了八國聯軍的大禍。

這裡必須從現代觀點重新理解一下清王朝的統治結構。用傳統的語言說，清王朝是所謂「異族統治」，日本史學界則稱之為「征服王朝」。這種描寫大體上是合乎事實的，但今天的讀者則未必能一見即知其特徵所在，尤其是與漢族王朝在結構上的區別。以中國大陸的流行語言表達之，我想應該稱之為「少數民族的一族專政」。若轉換為湯因比（Arnold J. Toynbee）的名詞，則可以說是「外在普羅（external proletariats）的專政」。[12]（按：湯氏的"proletariat"用法與馬克思不同，取義較廣。）這不只是名詞之爭，而涉及胡漢王朝之間的一個根本區別。這個中國史上的中心大問題，這裡自然不能詳作討論，姑且以明、清兩朝為例稍稍說明我的意思。明朝的天下屬於朱家，但朱家皇帝並沒有一個可以信任的統治集團作後援。朱元璋誅盡功臣，登基後只有廣封諸子以為屏藩。但僅僅皇帝一個家庭不能構成統治集團，其理甚明。（依傳統的說法，這是「家天下」。）後來的皇帝鑑於永樂篡位，對宗藩防範甚嚴，只好依賴宦官作爪牙，即黃宗羲所謂「宮奴」。因此明代晚期形成「宮奴」與外廷士大夫對抗的局面。與此相對照，清朝的天下不但是滿族共同打下來的，而且一直靠滿族為皇權的後盾以統治天下，所以整個滿族確實構成了清王朝的統治集團。（這應該稱之為「族天下」。）不但如此，這個集團又是有嚴密的組織的，此即是八旗制度。這一制度雖從最初八固山共治演變為皇太極的「南面獨坐」，並在雍正以後完全為皇帝所控制，但八旗制為滿清一代的權力提供了結構上的根據則始終未變。在十九世紀中葉以前，軍政大權大體都在滿人的手中。康、雍、乾諸帝也一再告誡滿人必須保持原有的尚武精神，勤習騎射，不能效法漢人文士的詩酒風流。在滿洲皇帝眼中，滿人漢化對於政權的危害性，決不在今天所謂「資產階級自由化」之下。（這是「族天下」與「黨天下」的共同隱憂。）

前引滿洲大臣及內務府諸人跪請慈禧禁止光緒帝變法，是一個極能說明問題的事例。滿洲大臣自然是以前八旗首領的後代，內務府則是由皇帝親自率領的「上三旗」（正黃、鑲黃、正白）人員組成的。內務府大臣派滿洲將軍駐防各

---

12 略見D.C. Somervell的節本*A Study of History*（Oxford: Oxford University Press, 1947），403-20.

省，有權干預地方政治。[13]清代之所以沒有宦官之禍，正是因為明代宦官的許多職務都由內務府的人員取代了（最著名的如江寧、杭州、蘇州三地的「織造」）。外在普羅的「一族專政」為清王朝提供了一個完全可以信賴的統治集團和統治結構，皇帝自然不必再名不正、言不順地使用「宮奴」了。

光緒帝當然知道清王朝的權源在滿族，所以也曾下詔書改善「八旗生計」。這是一種安撫的策略，然而已遠水救不了近火。[14]總而言之，戊戌變法從根本上動搖了「一族專政」，這是慈禧和滿洲親貴及大臣等所絕對無法容忍的。僅此一點已注定了變法失敗的命運。

四

戊戌變法之必然失敗，也可以從權力分配和個人作用等方面得到更進一層的理解。但這裡只能極其簡略地談一談當時兩個主角——光緒帝和慈禧太后之間的關係。

政治改革必須從權力中心發動，其途徑是由上而下的，古今中外莫不如此；反之，則是所謂「革命」。康有為、梁啟超、譚嗣同等所推動的戊戌變法便是一種由上而下的改革，所以他們把一切希望都寄託在光緒帝的身上。這也是他們最初能得到自強派領袖如陳寶箴、劉坤一、甚至張之洞等人支持的主要原因。「戊戌六君子」中楊銳與劉光第兩人便是陳寶箴推薦的。這種變法的方式在儒家的政治傳統中叫做「得君行道」，最典型的例子是宋代的王安石。[15]但「得君行道」的理想事實上在王安石以後已趨於幻滅。明儒自王陽明以下大致已放棄了「得君行道」的上行路線，而改變方向，以講學和其他方式開拓社會空間。他們說教的對象不再是朝廷，而是民間。在明代君主專制的高峰時代，「得君行道」不僅已不可能，而且還會招殺身之禍。明末東林黨人忍耐不住，挺身而出，其結局便是黃宗羲所謂「一堂師友，冷風熱血，洗滌乾坤」。清代「一族專政」，對於漢族士大夫更發展出雙重的猜忌，故章炳麟有「家有智慧，大湊於說經，亦以紓死」

13 可參看孟森：〈八旗制度考實〉，收在《明清史論著集刊》，上冊（北京：中華書局，一九五九），頁二六一—二六二。
14 梁啟超：〈戊戌政變記〉，《飲冰室合集》，專集之一，頁五四—五五。
15 梁啟超一九〇八年撰《王荊公》一書，即在表達他早年對王安石這位變法先驅的仰慕。見《飲冰室合集》，專集二十七。

的論斷。康有為等在甲午戰敗、外患嚴重之際，以為有可乘之機，因此發動了變法運動。但他們似乎對「一族專政」下的權力結構缺乏深刻的認識，終於重演了「一堂師友，冷風熱血，洗滌乾坤」的悲劇。[16]

當時「一族專政」下的權力結構大體如下：光緒雖是親政的皇帝（自光緒十五年起，即一八九一），但卻毫無實權，事無大小幾乎完全聽命於慈禧太后。另一方面，慈禧雖已撤簾歸政，在政治上沒有任何名義，但王朝的全部權力系統卻仍然緊緊地握在她的手中。清代政治權力的泉源在滿人的一族專政，慈禧則從一八六一年起便奪到了滿族的領導權。咸豐帝死時，她才二十五歲，但已在丈夫臥病期間學到了處理政務的本領。她以母后的身分，聯合了恭親王奕訢，居然能在咸豐死後兩個月翦除了族內最大的政敵肅順，她的政治手腕已可想而知。緊接著她又在清朝史上開創了於祖制無據的「垂簾聽政」，這樣一來，她便取得了最高統治者的正式地位。後世讀史者因為對慈禧十分厭惡，往往忽略了她的政治能力。王闓運曾依肅順門下，頗得信任，可以說是慈禧的反對派。但他在民國初年寫《祺祥故事》時也承認「恭王、孝欽，皆有過人之敏知」。[17]這當然是根據他當年親見慈禧和奕訢奪權成功的一幕而得到的判斷。

但慈禧之所以能奪權成功，也不能全歸之於個人才能。八旗制度的演變也是一個非常重要的因素。自皇太極至雍正，八旗制度已逐步收入皇帝一人之手。上三旗固不必說，下五旗也沒有與朝廷對抗的力量。而且旗主對旗下人員的控制力更是一天天地減弱。最重要的是雍正利用儒家的名教綱常駕馭滿人，極為成功：所以終有清一代，嚴守禮法的是滿人而不是漢人。慈禧以母后之尊，又垂簾聽政，族權與政權都在她的掌握之中。這一點與戊戌政變有重大的關係，不可不知。

慈禧不僅後來對光緒控制自如，早期對親生子同治也同樣以「家法」處之。王國維〈頤和園詞〉有云：[18]

16 以上所論略見拙著《現代儒學論》（River Edge, N.J.：八方文化企業公司，一九九六），頁八—一一。

17 黃濬：《花隨人聖盦摭憶》（上海：上海古籍出版社，一九八三），頁四九四所引。

18 見《觀堂集林》卷二十四，《海寧王靜安先生遺著》本。

嗣皇上壽稱臣子，本朝家法嚴無比。問膳曾無賜坐時，從遊罕講家人禮。

關於這四句詩，邊敷文曾注釋如下：[19]

按：嗣皇指穆宗。皇帝對太后自稱臣子。太后御膳，皇帝皇后等侍立於側，不賜坐。撤膳，則命帝后等立而食之。即在宮內遊幸時，亦常如此。此清代家法，古所無也。

試想在這樣的「母后」的嚴威之下，少年皇帝尚有何自由意志可說？這種從古未有的清代「家法」，其實便是「一族專政」的「族紀」，是與外在普羅的統治體制相配合的。

慈禧在戊戌舊曆八月發動政變，如純從政治名分言，是毫無憑藉的。但她的根據是滿清的「家法」，也就是「族紀」。所以她隨時可以「垂簾聽政」。梁啟超說：[20]

光緒十六年下歸政之詔，布告天下。然皇上雖有親裁大政之名，而無其實。一切用人行政皆仍出西后之手。（按：歸政在十五年二月，梁氏誤記。）

撤簾後仍然繼續執政，視在位皇帝如無物，這也是根據「家法」，沒有人指責這是不合法的。而且這也不是從慈禧開始的。嘉慶元年（一七九六）朝鮮使臣李秉模答朝鮮國王關於清朝「新皇帝」（嘉慶）之問云：[21]

（新皇帝）狀貌和平灑落，終日宴戲，初不遊目。侍坐太上皇（按：乾隆），上皇喜則亦喜，笑則亦笑，於此亦有可知者矣。

19 見《花隨人聖盦摭憶》，頁三三八所引。誤字已改正。
20 梁啟超：〈戊戌政變記〉，《飲冰室合集》，專集之一，頁五八。
21 均見孟森〈清高宗內禪事證聞〉所引《朝鮮實錄》中的記載，收在《明清史論著集刊續編》（北京：中華書局，一九八六），頁三五〇。

他又報告在圓明園見乾隆的情形說：

太上皇使閣老和珅宣旨曰：「朕雖然歸政，大事還是我辦。你們回國，問國王平安。道路遼遠，不必差人來謝恩。」

這是《朝鮮實錄》中的史料，絕對可信。可證慈禧所行的正是滿清皇族歷代相傳的「家法」。朝鮮使臣記乾隆「大事還是我辦」這句話最為傳神，今天中國的讀者中一定有人會忍不住笑起來的。這和宋高宗內禪後，立刻退居德壽宮，政事全付與孝宗處理，適成鮮明對比。清朝「一族專政」的特色於此顯露無遺。

慈禧自一八六一年取得恭親王奕訢的擁戴以後，即以母后的身分獨攬滿族的最高領導權（當然包括軍權在內），並在「一族專政」的基礎上，掌握了清王朝的政權。依滿洲的「家法」，先後兩個少年皇帝（同治與光緒）對她這位母后都是「自稱臣子」的。「垂簾聽政」只有在翦除肅順等族內政敵和初期統治的幾年之內是有必要的。在她的絕對權威建立起來以後，恭親王對她也只有唯命是從，無論是「垂簾」還是「撤簾」，反正她和太上皇乾隆一樣，「大事還是我辦」。

到一八九八年她在權力的巔峰上已坐穩了三十七年，光緒名義上雖是皇帝，對她的權力並不構成任何威脅。但光緒擢用康有為實行變法，撼動了「一族專政」的基礎，政局便立刻發生了大動盪。據梁啟超的敘述，經過大致如下：[22]

皇上久欲召見康有為，而為恭親王所抑，不能行其志。及四月恭親王薨，翁同龢謀於上，決計變法，開制度局而議其宜，選康有為任之。乃於四月二十三日下詔定國是，二十五日下詔命康有為預備召見，二十八日遂召見頤和園之仁壽殿……康所陳奏甚多。皇上曰：國事全誤於守舊諸臣之手，朕豈不知？但朕之權不能去之。且盈廷皆是，勢難盡去，當奈之何？康曰：請皇上勿去舊衙門，而惟增置新衙門；勿黜舊大臣，而惟漸擢小臣，多召見才俊志士，不必加其官，而委以差事，賞以卿銜，許其專摺奏事，足矣。……上然其言。此為康有為始覲皇上之事，實改革之起點。而西后與榮祿已早定密謀，於前一日下詔，定天津閱兵之舉，驅逐翁同龢，而命榮祿為北洋大臣，

22　梁啟超：〈戊戌政變記〉，《飲冰室合集》，專集之一，頁一五—一六。

總統三軍，二品以上大臣咸具摺詣后前謝恩。政變之事，亦伏於是矣。

此節敘事大體可信，但須略加分析而後其意義始顯。第一、恭親王是滿族的外朝執政首領，對「一族專政」的原則持之甚堅，故阻止光緒召見康有為。他既逝世，翁同龢、康有為等認為有機可乘，所以立即發動了變法。[23]第二、光緒承認自己無權，可見他雖然「親政」已八、九年，一切「大事」仍然一直是皇太后「辦」。第三、光緒與康有為所討論的「舊大臣」其實都是滿族親貴，因此康有為的建議中又有「如日本待藩侯故事，設為華族（按：即貴族），立五等之爵以處之」的構想。第四、康有為主張將變法實權給予新擢「小臣」與「才俊志士」，這當然是指那些追求變法的漢人如譚嗣同、梁啟超之流。康有為大概是效王安石故智，以祠祿奉養反對新法的大臣，另外進用贊成新法的新人。但宋神宗是擁有全權的皇帝，當時反新法的人既不是一個有組織的特殊統治集團，更不是宋王朝的唯一權力基礎。宋神宗不過是在兩派士大夫之間作出了選擇而已。現在康有為以此期之於毫無實權的光緒帝，他的希望早已注定是必將落空的。滿族親貴作為一個特殊統治集團的既得利益者，本能地懂得權力的無上重要性，他們是不可能被個別擊破的。前引御史文悌曾以「保中國不保大清」責康有為。他是滿洲正黃旗人，他的言論決不僅僅代表個人，而應看作是「一族專政」的共同意識。所以在政變以後，他得到慈禧的特別賞識。[24]

現在讓我們再談一談光緒帝及其與慈禧的個人關係。他是咸豐的姪子，入繼大統時不過三歲。慈禧特別選中他，當然是為了便於自己長期「垂簾聽政」的緣故。入宮以後，他是在慈禧的積威之下成長起來的。據太監寇連材的筆記說：[25]

> 西后待皇上無不疾聲厲色。少年時每日訶斥之聲不絕。稍不如意，常加鞭撻，或罰令長跪。故積威既久，皇上見西后如對獅虎，戰戰兢兢，因此膽為之破。至今每聞鑼鼓之聲，或聞吆喝之聲，或聞雷，輒變色云。

23 關於恭親王與慈禧的關係及其重要性，可參看《花隨人聖盦摭憶》，頁五〇二—五〇三。
24 參看《清史稿》卷四四五本傳，中華書局本，冊四一，頁一二四六八—一二四六九。
25 梁啟超：〈戊戌政變記〉，《飲冰室合集》，專集之一，頁五七。

梁啟超所引的這一段資料是否可靠，不敢斷定。但據另一宮監唐冠卿述他親見光緒選后事，可與此相印證。光緒十三年（一八八七）慈禧為帝選后，本屬意她的姪女那拉氏（即隆裕后），所以與選五人將那拉氏排在第一位。慈禧手指諸女對光緒說：「皇帝誰堪中選，汝自裁之，合意者即授以如意可也。」光緒說：「此大事當由皇爸爸（指慈禧）主之，子臣不能自主。」但慈禧故示大方，堅持要光緒自選，也許是要測驗他是不是能「先意承志」吧。等到光緒快要將玉如意授給另一人時，「太后大聲曰：皇帝！並以口暗示其首列者（即慈禧姪女）。德宗愕然，既乃悟其意，不得已乃將如意授其姪女焉」。[26]

另有孟森〈記陶蘭泉談清孝欽時事二則〉一文，描寫一九〇三年光緒在火車上侍慈禧進膳的情形，摘抄如下：[27]

> 太后在車中，停車進膳，皇上同桌，侍食於下，后妃立侍於後。……太后下箸，皇上亦下箸……太后箸止亦止。自皇上以下，侍太后食，手口若機械之相應，想宮中無日不然，難乎其為日用飲食矣。

這是當時目擊者的證言，絕對可信。

合以上幾條記載，我們可以推斷，光緒個人的意志早已為慈禧的積威摧殘得所剩無幾了。深刻的畏懼已使他處處不敢違背慈禧的意旨。但是現代心理學告訴我們，在這種積威下長大的人，明處不敢反抗，潛意識終不免要在一切可能的情況下尋找反抗的出口。變法便恰好為光緒提供了這樣一個出口。我這樣說並不是否認光緒變法還有其他光明的動機，例如他不願做崇禎皇帝那樣的「亡國之君」，和他不願看到中國長期受外國勢力的欺壓等。一個血氣方剛的青年（戊戌時二十七歲）是很容易為理想主義所激動的。我只是要指出，以光緒對慈禧的畏懼，最後居然敢在關繫「一族專政」這樣重大問題上，背叛皇太后一向所堅持的原則，不惜捨身一試，這就使我們不能不特別注意他那長期被壓抑的反抗意識了。

但是他的反抗隱約地存在於潛意識之中，是不能直接、公開露面的。只有在

---

26 黃濬：《花隨人聖盦摭憶》（上海：上海古籍出版社，一九八三），頁一一九。

27 《明清史論著集刊》，下冊，頁六一五。

關於變法的公共問題上，他才敢站在和慈禧相反的立場。因為這是「化私為公」的間接反抗，不是個人之間的正面衝突。一落到個人的層面，在慈禧的積威前面，在滿洲皇室的「家法」或「族紀」高壓之下，他仍然只能說：「子臣不能自主。」何況他即使具有與慈禧相同的堅強性格和意志（關於這一點我們沒有足夠的資料可以判斷）也於事無濟，因為他在滿洲統治集團之內已完全陷於孤立。當時國家機器仍然操縱在滿洲權貴之手，漢人變法派的擁護和一般社會輿論的同情都對國家機器的運轉方向發生不了決定性的影響。而慈禧則是掌握著這個巨大機器的總工程師。據光緒在戊戌舊曆七月二十八日交楊銳帶出的「硃筆密諭」說，他主張變法，「而皇太后不以為然。朕屢次幾諫，太后更怒，今朕位幾不保。汝康有為、楊銳、林旭、譚嗣同、劉光第等，可妥速密籌，設法相救。朕十分焦灼，不勝企望之至」。[28]試想光緒連自保的力量都沒有，最後尚須乞援於康有為等，他怎麼可能主持變法，推行從上到下的全面政治改革？他只是滿洲統治階級中一個游離出來的分子，是國家機器中脫落下來的一個零件，而康有為等最初竟誤把他當作政治權力的核心。此所以戊戌變法終成為中國近代史上一幕帶有濃厚的喜劇色彩的悲劇。

結語

以上是我關於戊戌變法二、三關鍵問題的解讀。我雖然偶爾參照現代的改革經驗，但主旨僅在了解戊戌變法為什麼終於失敗。對於現代的改革，本文則無所論斷。這不是一篇有系統的史學論文，其中更不存在任何新奇的創見。充其量，我不過是用今天的語言，重述百年前幾個片斷的史實而已。「外在普羅專政」或「一族專政」雖近於杜撰，所指涉的事實則早已是當時排滿的學人所揭破了的。讓我引章炳麟〈駁康有為論革命書〉中的一段話來說明我的論點：[29]

今以滿洲五百萬人，臨制漢族四萬萬人而有餘者，獨以腐敗之成法，愚弄之、錮塞之耳。使漢人一日開通，則滿人固不能晏處於域內。……夫所謂聖明之主者（按：此指光緒帝），亦非遠於人情者也。……藉曰其出於至公，

---

28 見〈戊戌政變記〉，頁六五。按：此密諭在慈禧死後（一九〇八年）曾由楊銳之子繳上清廷，求為其父雪冤。其真實性似無可疑。參看《花隨人聖盦摭憶》，頁一二〇。

29 章炳麟：《訄書》（上海：古典文學出版社，一九五八），頁一八〇。

非有滿漢畛域之見，然而新法獨不能行也。何者？滿人雖頑鈍無計，而其怵惕於漢人，知不可以重器假之，亦人人有是心矣。頑鈍愈甚，團體愈結。五百萬人同德戮力，如生番之有社寮。是故漢人無民權，而滿洲有民權，且有貴族之權者也。雖無太后，而掣肘者什伯於太后，雖無榮祿，而掣肘者什伯於榮祿。……往者戊戌變政，去五寺三巡撫如拉枯，獨駐防則不敢撤。彼聖主（按：亦指光緒帝）之力，與滿洲全部之力，果孰優孰絀也。由是言之，彼其為私，則不欲變法矣；彼其為公，則亦不能變法矣。

章太炎在此已將「一族專政」的情勢及戊戌變法必然失敗的關鍵分析得十分透徹。本文不過是對太炎的話作了一番現代詮釋而已。

戊戌政變的消息傳到上海後的兩三天，王國維寫信給友人說：[30]

今日出，聞吾邑士人論時事者蔽罪亡人不遺餘力，實堪氣殺。危亡在旦夕，尚不知病，並仇視醫者，欲不死得乎？

這是說在變法失敗之後，浙江知識分子立刻痛罵康有為和梁啟超。王國維在當時也是熱心支持政治改革的人，雖然他並不贊成康有為、譚嗣同、梁啟超等人所持以變法的哲學與思想。[31]所以他聽到許多人一夜之間態度劇變，視康、梁為罪魁禍首，深感氣憤難平。中國所謂人心、所謂輿論，往往隨形勢而轉，其不可恃如此。三百年前，明遺民反抗滿清政權失敗之後，人心也很快地便歸順新朝了。故黃宗羲慨歎道：「形勢、昭然者也：人心、莫測者也。其昭然者不足以制，其莫測者亦從而轉矣。」[32]三百年後戊戌變法失敗，我們又看到了「莫測者亦從而轉」的重演。今天上距戊戌又已一個世紀，中國的人心似乎依然如故。我寫此文既竟，忍不住要套用陳寅恪的語調說：「嗚呼！通識古今世變之君子，儻

---

30 見吳澤主編：《王國維全集・書信》（北京：中華書局，一九八四），頁一七—一八。

31 可看王氏一九〇四年〈論近年之學術界〉，收在《靜安文集》，《遺書》本第四冊，頁一七〇〇—一七〇二。當時與王氏態度相近的人很多，見《忘山廬日記》，上冊，頁一二〇—一二三、二一六—二三五。

32 《黃梨洲文集》（北京：中華書局，一九五九），頁二〇五。

亦有所感悟歟！」

（原載《二十一世紀》雙月刊第四十五期，一九九八年二月）

回首辛亥革命，重建價值觀念

採訪者：馬國川
採訪嘉賓：余英時
採訪時間：二〇一一年六月二十二日夜
採訪地點：北京——普林斯頓（電話採訪）

「滿洲黨」不改革，就逼出一個辛亥革命來

馬：在辛亥革命之前，清王朝也在進行改革，試圖挽救危局。學界把清末改革稱為「清末新政」。近年來，大陸學界對於清末新政不再完全否定，而是評價較高。作為一位歷史學家，您怎麼評價清末新政呢？

余：所謂「新政」主要是指清王朝做的一些改革。這種改革從洋務運動就開始了，但是沒有觸及體制，真正的新政是戊戌變法。戊戌變法第一次提出來改造「君主專制」體制，實現「君主立憲」，這才是改到了體制的關鍵。

戊戌變法是一個很好的機會，當時人非常興奮。資料表明，當時知識界對世界、對西方有了解的人士都覺得，這是唯一一條可以避免危機的道路。兩種勢力促成了戊戌變法。除了利用公羊春秋「託古改制」的康梁等人，部分地方巡撫也是改革力量，如湖南巡撫陳寶箴等。歷史學家陳寅恪講得很清楚，清朝末年的另外一個改革並不是講公羊春秋之類的意識型態，而是實務要改革，不改革中國就存在不下去。

遺憾的是，機會丟掉了，原因就是權力鬥爭。慈禧太后在咸豐死後掌握

朝廷實權，同治死後以年幼的光緒來繼承皇位，繼續控制權力。隨著光緒長大成人，有了自己的想法，兩個人的權力衝突就發生了。當然，光緒沒有奪權的想法，他主要是怕亡國，認為列強瓜分的危險就在眼前，「瓜分豆剖，漸露機芽」，所以迫切要改革。如果按照光緒的想法改革，勢必要把慈禧太后架空。

馬：因為實權都在慈禧太后手上，所以一旦慈禧公開反對改革，改革力量立刻土崩瓦解。戊戌變法僅僅進行了一百零三天，就以失敗告終。

余：戊戌變法失敗的第一個直接結果，就是「庚子之變」。變法失敗後，康梁都被外國人保護起來了，繼續在海外活動。慈禧太后惱恨「外國勢力干涉」，全面反動，利用沒有受過教育的老百姓仇恨外國人的心理「扶清滅洋」，於是義和團興起。她不知道，煽動群眾運動勢同玩火，結果八國聯軍進京，慈禧太后倉皇西逃。

馬：「庚子之變」後，清王朝似乎痛下改革決心，實行了廢科舉、改官制等一系列改革措施。大陸學界一般把這一時期的改革稱為「清末新政」。

余：「庚子之變」以後是不是有改革？這是很大的問題。我們不能認為，廢除科舉就是改革。廢除科舉只是不得已而為之，因為人才不夠用了，做八股文的人根本沒辦法對付現在的世界。至於改官制，只是行政方面的改革，目的是提高行政效率。洋務運動中設立「總理各國事務衙門」也是行政改革啊。

我們要分別行政改革和政治改革。庚子之變後的改革，都是行政方面的調整，而政治改革是要涉及整個體制的。大陸在一九八〇年代進行的改革，也是行政改革。雖然清末提出了「立憲」，但也是「預備立憲」，而且還要等待九年以後才開始（陳寅恪輓王國維詩中所謂「君憲徒聞俟九年」）。慈禧太后至死都是不肯放棄權力，不肯改變「君主專制」體制的。

因此，我認為沒有什麼「清末新政」，清王朝只是做了一些行政上的調整來緩和危機而已。實際上，危機緩和不過去，於是才有了辛亥革命。

馬：您的觀點確實與大陸學界不同。大陸有很多學者們認為，清末新政搞的轟轟烈烈，而且還有很多成績。

余：我不敢說我的看法一定正確。但就我所讀過的史料，包括各種公私記載，以及現代學人的相關著作，我沒有看到清末有什麼「轟轟烈烈」的「新政」。戊戌變法以後，慈禧和滿洲保守派貴族最怕滿洲政權被漢人奪走，哪敢真正讓漢人士大夫進行認真的改革？只要一讀以前李劍農先生的名著《中國近百年政治史》以及西方近幾十年的中國近代史作品，包括劍橋中國史在內，即可知其大概了。總之，清末滿人最關心的問題是亡中國，還是亡大清？在滿洲權貴看來，大清比中國還重要，權力還要掌握在自己手裡，漢人不可信，像袁世凱那樣的能臣也要罷官回家。

所以我認為，統治中國的滿洲就是一個黨，滿洲黨。這個黨絕對不能放棄權力。

馬：您說得很有道理，滿洲對中國社會的嚴密控制、對自己的特殊利益的極力維護，等等，都很像一個前現代社會的政黨。

余：所有重要的官職都是滿洲人，漢人僅僅是輔佐。就像黨國體制之下，所有主要的職位都是黨員擔任一樣。清朝有一個內務府，專門負責管理滿人，相當於他們的「組織部」，一切重要事情都在那裡決定。滿洲黨不能丟權，丟了權等於宇宙毀滅一樣，所以它的命運已經注定，只有被推翻。

馬：大陸有些人士認為，清末形成了「改革和革命賽跑」的局面：一方面革命黨人鼓動革命，一方面清王朝實行廢科舉、改官制等改革措施。而您認為清末沒有真正的改革，所以也就不存在所謂「改革和革命賽跑」。對嗎？

余：「改革和革命賽跑」這種說法是不成立的。滿清改革只能限制在經濟方面、技術方面、行政方面，只要不涉及根本權力，結果只能使「滿洲黨」更加專制，這算什麼改革呢？沒有體制上的改變，就無所謂改革。「滿洲黨」的一句話，就能夠把所有的努力都消滅光。這就是清末非逼出辛亥革命不可的原因。

馬：對於辛亥革命，大陸學界有各種不同的說法。有的認為革命是偶然的，有的認為革命是必然的。按照您談的觀點，辛亥革命是必然的了？

余：「必然性」、「偶然性」這些觀念都多少假定有歷史規律。這一觀點今天在西方史學界很少流行，至少我和我的史學友人都不太用這些提法了。我的意思只是說：因為愈到後來滿人愈怕失去滿洲政權，愈對漢人不信任，於是喚起了漢人對滿人在清初屠殺的記憶，如揚州十日、嘉定三屠等等。「滿洲黨」不改革，就逼出一個辛亥革命來。在君主立憲派沒有足夠力量的情況下，只有革命。

革命和暴力是兩回事

馬：那麼能不能說，滿清是由革命黨推翻的呢？

余：也不能說得太肯定。清末地方性變革很多，所以武昌一起義，各省紛紛宣布獨立，滿清說垮就垮了，於是民國成立。

事實上，民國轉換並沒有經過一個很嚴重的革命，絕不能跟法國大革命比。辛亥革命沒有什麼暴力，是社會成本很低的一場革命，結果也並不壞。早期的議會是相當認真的，很有效力。否則，宋教仁就不會被袁世凱暗殺了。所以幾十年後的國民黨時代，還有很多人懷念當年的議會。還有一點，辛亥革命前後，地方社會有很大進步。清末江蘇、浙江一帶新學校紛紛出現，都是地方鄉紳們搞起來的，不是朝廷的貢獻。

人民的自發性很重要，如果沒有自發性，社會根本不可能前進。只要地方的領袖有開明想法，老百姓支持，一步一步做，就會有許多進步。這些進步不是依靠政府發命令搞出來的。我們現在研究中國的問題，也要從這樣的角度看，不能把注意力過分集中在集權體制上。

馬：有人說，如果慈禧太后晚死十年，中國的憲政改革就可能成功了。這種說法有無道理呢？中國有無可能不經過革命的劇變，卻經由立憲運動逐步演化為憲政體制呢？

余：這種觀點我不大能接受，持這種觀點的許多人都是體制內出來的，對於早年相信的東西很難徹底否定，總認為原始的設想是好的。他們有意無意地對舊體制有些迷戀，把慈禧太后投射到當代權威人物身上。

馬：其實，慈禧晚年也很清楚，一方面她在大張旗鼓地搞行政改革，另一方面又把權力聚攏到滿洲貴族手裡了。

余：因此，清末不可能不經過革命的劇變。舊體制某種程度解體以後，新的東西才能出現，但並不一定是暴力革命。革命和暴力是兩回事。當初，法國大革命的暴力最受中國大陸恭維，可是一九八九年法國大革命二百週年紀念前夕，西方史學家，從歐洲大陸到英、美，都對它的暴力進行了深刻的分析和指責。暴力導致法國直到今天政治還沒有完全安定，而英國自從國王查理一世被推上斷頭台以後，再也沒有別的暴力革命。美國除了內戰之外，後來也沒有再發生流血革命。

馬：英國、美國之所以能夠避免暴力革命，是因為它們建立了民主體制。

余：民主體制的好處，就是一個黨不用擔心滅亡，被選下去也沒有什麼了不得，只要自己求進步還可以重新上台。這與中國歷史上的王朝循環完全不一樣了。歷史上所有的王朝都由一家一姓把持，開始時得意得不得了，死也不放權力，最後非要給人逼到煤山上吊不可，臨死前只有哀歎，希望子子孫孫不要生在帝王家！各個王朝壽命長短不一，總是要經過流血改朝換代，再流血再改朝換代，永遠在封閉的系統裡循環，以萬千生民的鮮血作為潤滑劑，沒有政治文明可言。

在國民黨時代，左派人士罵國民黨不搞民主，有個對聯寫得很好：江山是老子打來，誰讓你開口民主，閉口民主；天下由本黨坐定，且看我一槍殺人，兩槍殺人。好對聯啊，到現在我還記憶猶新。

馬：對於執政者來說，權力就像賈寶玉的「通靈寶玉」一樣，那就是它的命根子，絕對不能碰。

余：就是命根子，其他的一切都可以忽略不計。改革可以提高一下效率，提高執政能力，但是不能讓我放鬆掌握權力的手。不平則鳴，怎麼可能在不公平之下，還能永遠維持秩序，維持人家對你的尊敬？不可能做得到。

馬：所以說，他們沒有從辛亥革命吸取一點教訓。

余：沒有，任何革命黨都忘記了教訓，更沒有吸取教訓，或者認為自己與教訓是不相干的。再多的教訓，我都是一個例外。別人不能保持長久，唯有我可以萬世不滅。古今中外歷史，沒有這樣的政權，愈來愈興旺，永遠不會下台，怎麼會有這樣的可能呢？

「中國人思想上的一個大敵」

馬：辛亥革命後中國陷入長期的軍閥混戰，有些人據此對辛亥革命提出了批評，如果當初不把秩序破壞掉的話，就不會有後來的混亂局面。雖然辛亥革命本身是一個代價不高、成本不高的社會革命，但是打開了一個閘門，從此以後洪水滔天了。您怎麼評價這些觀點？

余：用暴力推翻另一個秩序，這是我最反對的。因為暴力革命以後，一定用暴力維持，否則自己就要垮台。

辛亥革命不是靠暴力起家的。武昌起義不久，各地宣布獨立了，慈禧太后已先死了，權威沒有了，一個三歲小皇帝有什麼本領呢？所以，滿清是自然解體的。我們把這個解體叫做「辛亥革命」。「革命」是從日本人那裡借來的名詞，它與中國歷史上的「革命」不是一回事。後者所謂的「命」是天命，「革命」就是天命的變革，就是改朝換代。

滿洲垮掉以後，袁世凱當國。這個人自私，但也相當負責任。他死得很早，北洋沒有了權威人物，於是進入了軍閥割據的混亂時期。

馬：北洋軍閥走馬燈似的輪流上台，整個政治局面相當混亂。

余：混亂時期也有好處，在這個混亂時期才會有五四運動出現。如果有強人控制場面，五四運動就不可能發生了，許多新思想也就進不來了。這是歷史的弔詭，軍閥本身自然是負面的東西，但軍閥時代卻為思想學術的自由創造了條件。因為軍閥各自為政，不管老百姓，言論反而自由。而且軍閥腦筋簡單，沒有深文周納的心思，不像後來黨國體制對意識型態那麼密切關注。

那個時期，從政治上看一塌糊塗，但是從社會或者文化方面看，不一定全是負面的，許多新東西就是在那個階段出現的。北京大學不就是在那時成為一個真正的大學的嗎？另外，因為當權的軍閥也管不了各地方，一些地方紳士、地方領袖在地方上做革新工作。所以，不要簡單地把歷史簡化，好像北洋政府一塌糊塗，整個中國都在往後退，事實並不如此簡單。

馬：其實中國地方社會還是在不斷地進步的。

余：在國共合作革命以前，地方社會發展了十幾年。我們要相信，一般老百姓在為生活奮鬥的過程中，自然就改進了社會。政府不可靠，人們就要自立。

總之，我不認為辛亥革命後中國如何混亂，也不必怕混亂。有些關心中國前途的朋友們提倡「告別革命」，就是怕再有混亂。

馬：有一次我去看望周有光先生。周先生說革命沒什麼可怕的，中國當然需要革命。他說的革命並不是暴力革命。我覺得「告別革命」這個說法裡，對「革命」的理解似乎有些狹隘，似乎革命都是暴力流血的。

余：「革命」確有種種不同的意義。如指「暴力革命」而言，我也贊成「告別革命」。但若指從下面民間發出群體抗爭，要求合理變革，而不使用暴力，則我們反而應該贊同這種革命，否則大家都乖乖不動，不敢冒犯權威，造成混亂，那便是讓不講理的統治者永遠主宰老百姓的命運了。而混亂和秩序都是相對的，既無絕對的秩序，也無絕對的混亂。數學上有一個重要分支叫「混沌理論」。混亂沒什麼可怕的，可怕的是暴力革命亂殺人。我當然不是提倡混亂，而是認為混亂必須保持在最低限度，若用暴力維持不合理的秩序，反而會招致最大的混亂。

馬：怕混亂，怕不穩定的思想，似乎和中國古代「寧為太平犬，不做亂世人」的思想有聯繫。二者的邏輯很相近的：寧肯做一個沒有什麼個人自由、但是生活平穩的奴才，也比混亂的狀態裡邊做一個自由的、有權利的人好。

余：是啊，這種邏輯要打破。許多情況之下，到了某種時候是有混亂，在美國我就看過很多混亂。我初到美國，黑人地位根本不能跟現在比。現在黑人都做總統了，中間經過多少混亂，最終釐清了道路。當然，美國老百姓有選票，政治家不敢亂搞。

馬：從北洋軍閥到後來又變成了國民黨的黨國體制，這裡面是不是也有一個內在邏輯？為什麼會走到這一步呢？

余：這牽涉到國際形勢，中國走到這一步，日本侵略是最大的關鍵。日本在一九二〇、一九三〇年代完全控制在軍國主義者中下級軍官手上，驕橫已極，自信可以用武力稱霸亞洲，中國成為他們的吞併目的所在。日本侵略，民族存亡之秋，需要依靠強有力的政黨凝聚力量，一致對外，所以國民黨在抗戰時期的口號是「一個主義，一個政黨，一個領袖」。大家都要擁護黨，於是培養出一個黨國體制。這是中國的悲劇，所以我始終不原諒日本軍國主義者。

從某種意義上，一九二三年「改組」後的國民黨也是從蘇聯來的。孫中山急於成功，無法很快拿到政權，就學蘇聯的方式，然後把集權的黨組織建立起來，黨高於一切。

馬：然後，中國就在這條路上越走越遠了。

余：我親眼看見歷史嘛！我的政治記憶從一九三六年西安事變和次年抗日戰爭開始，我上過一兩年的臨時中學，對國民黨堅持的「黨化教育」印象很深。

歷史上有什麼王朝可以是永遠維持的？中國最長命的朝代是周朝，八百年，中間好幾百年還是戰爭狀態。抗戰勝利後，國民黨在重慶豪言壯語地聲稱，周朝八百年，我們國民黨六百年總該有吧？！並不是所有人都相信，但是有一部分人是相信的。可是，沒到兩年就完了。「眼看他起朱樓，眼看他宴賓客，眼看他樓塌了。」

前車之鑑，清末是一個很好的歷史教訓。中國的問題就在於，沒有從歷史中真正汲取教訓。

大陸現行體制根本談不上「模式」

馬：辛亥革命一百年，中國有哪些進步？在您看來，中國應該從辛亥革命以來的歷史中吸取哪些教訓？

余：實質問題是，中國在現代化路上前進了多遠？比如，日本變革那麼大，雖然仍保持著天皇制度，但真正實現了君主立憲。中國雖然搞了民國，但是至今還沒有實現憲政。二戰後，日本在美國壓力下實行了民主選舉，重寫了新憲法，軍國主義大體上不是亞洲和平的威脅了。多數日本知識界的人（就我認識的來說）是愛好和平的。幾年前大江健三郎在普林斯頓大學訪問，他便是反對原子彈的先鋒，給我印象很深。

民主選舉是無法躲避的。剛打天下的時候可以說老百姓支持，「民心向背」，否則成功不了。但是不可能幾十年都講這種話。在二十一世紀的今天，這種老調子已經唱完了。沒有合法性，難道又要靠暴力革命取得合法性嗎？最好的方式就是民主選舉嘛。

民主並不是一個理想的東西，但長遠來看則是最能保證穩定的制度。除了北韓、北越等少數國家，二戰後亞洲大多數國家走上了民主道路，而且越變越好。台灣是地地道道的中國社會，民主不是照樣實行，普世價值不是照樣接受？大陸如果有智慧，應該認真吸取台灣經驗。我們不能設想一個模式，一切都由一個組織、一個黨、一個中央來發號施令，大家跟著走。這是不可能的事情。長此以往，維持不住，社會非崩潰不可。且不要說做得好與壞，做得好也不行。

馬：一九四九年以後，國民黨在台灣搞了六十年，實現了台灣經濟起飛，也實現了從威權體制向民主體制的轉型。而大陸，前三十年各種運動不斷，不能集中精力進行建設。後三十年改革開放，致力經濟發展，成績不俗。近年來隨著中國經濟實力增長，一些人士熱議「中國模式」。您對於「中國模式」有何評價？

余：前三十年專搞「階級鬥爭」，只信仰「有權便有一切，無權便失去一切」。後三十年因為受到民窮財盡的逼迫，於是開始了經濟開放，接受了市場的觀念。經濟成長之快，有目皆睹。但這是在絕對政治控制下的市場，不是「自由市場」。我讀《紐約時報》多次專欄報導，知道今天大陸市場全控制在一百二三十個國有企業之手。它們壟斷一切資源，利用廉價勞工，吸引大量外資。發財之後大量建設硬體，鐵路、公路、建築物在各地都興起了，外表十分壯觀，但內情則不可說，不可說。私人企業也偶有成功的，但有錢而無權作為後盾，是保不住的。這就是所謂「中國模式」嗎？所謂模式別人也可以仿效，「中國模式」誰能仿效呢？某種程度上集權體制似乎效率很高，但是一旦做出錯誤決定，後果就不堪設想。所以我認為，中國現行體制根本談不上「模式」。

馬：現在許多人相信，有了錢就可以買一切，有權力也可以吸引一切。

余：一般講，中國老百姓都是比較聽話、比較順從、比較服從權威的，不大容易造反。中國多少年來比較安定，也有賴於此。人民沒有自覺性，只要給點小恩小惠就得過且過了。知識界也是如此，知識分子被權和錢雙重腐蝕得相當多了。不過，我所接觸的學者中，還有不少有正義感、不為自己謀利、肯為中國著想的人。

從前只有講權力，完全變成了一個權力操控的社會。現在呢，把權力放出一部分賺錢，再以金錢來養權力，因此造成普遍的腐化。反腐敗不會有效果的，反而可以用利益收買一大批人擁護、歌頌現行體制，甚至稱其為「新模式」。實際上是，這種模式是維持不住的。另外，現在法律得不到執行，「我爸是李剛」就可以少判幾年。長此以往，怎麼能維持長治久安呢？對中國的思考，必須要跳出圈圈，六十多年搞下來，許多人的思維無形中就被困住了。

馬：官方對於「中國模式」也抱著謹慎態度，因為現在各種社會矛盾很多，貧富矛盾加深，遠沒有到歌舞昇平的時候。其實，比貧富矛盾更深層的矛盾是官民對立。

余：中國是一個官本位國家，一點都不假。從前大學校長如蔡元培，受到知識界、文化界的普遍尊敬，聲望甚至超過元首。現在只是一個個司局長或副部長，沒有人知道中國有什麼好的大學校長，成為精神領袖的更沒有，所以文化墮落。不要說別的，至今沒有出過一個獲得諾貝爾獎的科學家，華裔拿到諾貝爾獎的都是在美國訓練出來的，都是美國人。你看，日本出了多少諾貝爾獎獲得者？

馬：但是一些人仍然信心滿滿，只要有了錢，就可以打造一個大國，現在「大國崛起」的聲浪很高哩。

余：我承認，現在大陸的經濟實力在增強。但是，是不是一個文明大國，要比文化，要比藝術，要比科學，比人文研究。並不是有錢了，就能夠成為現代國家。腰纏萬貫的暴發戶並不等於有教養、使人起敬的社會精英。

所謂普世價值，中國古已有之

馬：與宣揚「中國模式」相呼應，一些人極力反對「普世價值」，指責普世價值是西方的價值。

余：所謂普世價值，如人權、自由之類，中國古已有之，只是沒有西方所流行的這些名詞罷了。比如，孟子講「明君制民之產」，就是講政府對人民應盡的義務，反過來說也就是人民的基本權利，其中不只包括田產權、工作權，也包括教育權（為「庠序之教」）等。「民主」雖然不是中國名詞，但是要給老百姓權利，以老百姓為主體。這種觀念早就有，否則《尚書‧泰誓》怎麼說「天視自我民視，天聽自我民聽」呢。「天」比皇帝更大更高，而「天」

是代表老百姓的。所以，民主其實人人心裡都有、都嚮往的。「己所不欲勿施於人」，就是一種民主態度。人權的核心觀念是每一個人的尊嚴，能自己做主。這在儒、道兩家文本中都可找到。清末以來，許多學者，包括孫中山在內，都已做了不少努力，要在中國傳統中找普世價值。胡適去美國演講（一九四〇年代），也強調中國的「民主」雖未發展成功，卻具有一些重要的「歷史基礎」。

不能說，西方才是文明的主流，普世價值就是西方的。中國也有普世價值，應該把自己文化傳統裡的普世價值好好進行整理。不但中國有，印度也早有自由、平等之類的「普世價值」，阿瑪蒂亞・森（Amartya Sen）已有文章指出。

馬：普世價值的觀念在中國遭受了很大的曲解。

余：曲解後就被維護體制的人利用，西方的東西我們要不要？偶爾有說「民主是個好東西」就不得了了，那都是廢話嘛。如果不承認「民主是好東西」的話，共和國也不是好東西了。

那還是回到皇帝制度吧，回得去嗎？

中國人一直講，搞政治要靠民心，如果得不到民心就完了。

馬：能不能說，在現代社會所謂「民心」，某種意義上也就是普世價值？

余：是普世價值。每個人生下來都要自己做主，都有自己選擇的權利。這就是所謂自由。佛經上到處都是自由、平等。權利和義務是相對的，不能說只有義務沒有權利。中國語言是從義務方面著眼，不強調應該得到什麼。強調我應該做的，對別人來說就是權利。兩種不同的語言，講的是同一個事實。

動輒反西方，完全對歷史不了解，而且封閉歷史、曲解歷史，這樣下去，中國哪能變成大國呢？

馬：看來，您對未來是悲觀的。

余：短期，我有點悲觀；長期，我是樂觀的。

利用廉價勞工和資源，經濟高速增長能夠維持嗎？如果社會愈來愈不平等、不公平，將來如何維持秩序？如果不能維持秩序，黑社會也會愈來愈厲害。隨著早期革命時期出現的「強人」的凋零，集權體制愈來愈難以維持了。大的變局很快會出現的。

馬：清末以來，中國的民族主義開始出現，辛亥革命以後民族主義愈益發展。近年以來，民族主義思潮又興起。在權威消失、社會解體的過程中，會不會出現一些人利用民族主義，走上二戰前日本或德國的道路呢？

余：這種可能性是存在的。民族主義的激情很容易煽動起來，義和團便是前車之鑑。現在搞民族主義，就是要轉移視線，把國內矛盾轉移到外面去。那就可能造成世界大戰，不是暴力革命的問題了。民族主義是一個雙刃劍，最後也可以傷到始作俑者。

我對現實不抱太多的幻想。但是我相信，中國有這樣悠久的文明傳統，中國社會總有一些精神力量是會發揮作用的。必須有社會空間、文化空間，政治無法完全干預。文革時代大概是徹頭徹尾的控制和操縱，現在有人想重新搞「文革」那一套，我相信是絕對做不到的，對一般老百姓不會有影響的。

對中國未來不必那麼悲觀，十幾億人，每個人總有一些小空間做自己的事情。不能把注意力、理想寄託在政治權力上。政治權力是暫時性的，一時威風凜凜，過時就不行了。千萬不要心灰意冷，還要繼續向前，各盡本分。現在社會文化各方面可以改進的地方太多了，也有許多空間還可以做事。等到有一天有變化以後，這些東西都有用了。

重建價值觀念

馬：辛亥革命以來，甚至是從鴉片戰爭以來，中國一直在現代化的道路上摸索前進。在現代化進程中，中國的文化傳統如何確立自己的現代身分？這是您多年研究的一個問題，也是許多人關注的一個問題。

余：中國文化傳統裡許多價值可以在日常生活中發揮作用的，但是不可能作為將來中國的指導原則，也不可能成為新的意識型態。

現代社會有公領域和私領域。在公領域，只有實行民主選舉、司法公正等現代制度。私領域就是個人道德、人和人之間的關係，儒家思想可以發揮作用。儒家本身不能直接變成憲法，只能是社會上的一種文化力量，用來處理人與人之間的問題。西方主要是靠宗教，如果把儒釋道三教都丟掉了，中國的精神領域便未免太貧乏了。

馬：現在中國社會一方面沒有宗教信仰，另一方面儒家的東西被破壞殆盡。沒有價值觀念，沒有信仰，沒有底線。

余：尤其是一九四九年以來，一方面把中國文化傳統當作封建毒素來批判和咒罵，另一方面把西方文明批評為資產階級的遮羞布而痛斥之。結果把所有文明都搞光了，最後所推崇的就是階級鬥爭之類的暴力。

在現代社會重新建立價值觀念，只能由普通人民在日常生活中逐漸培養出來，決不能靠政治力量從上而下強迫灌輸。中國人要培養一些價值，這些價值在中國既有底子，又跟其他文明價值可以配合。這就是我們文化界、學術界、藝術界所當共同建設、共同努力的方向。

馬：中國文化傳統裡面是有資源可以利用的。

余：從儒、釋、道到民間文化中都有許多精神資源，可以提煉出來和現代生活互相配搭。有些價值雖受反傳統潮流的衝擊，仍潛在於人心中，時機一變，可以召喚回來。

關於怎麼樣處理人與人的關係，如何處理好天理人情，這是中國很特殊的地方，文化傳統也可以解決實際問題。學術上、思想上、文化上、日常生活中的價值層面，儒家有些價值可以復活。不過，「三綱五常」已決不可能恢復了。現在一些人提倡把儒家作為一個替代性的意識型態，高揚民族主義，若如此，則是把中國傳統又糟蹋一次。在老「孔家店」完了以後再造新「孔家店」，這是一個很不智的事情。

要把私領域跟公領域分開。公領域不可能由儒家來掛帥。因為除了伊斯蘭教，現在任何國家都不允許任何一家教義或學術在憲法內占主要位置。大家可以有各種信仰，不同信仰自由都可以在憲法內得到保證。

馬：您說過，中國有沒有前途，要看它如何選擇價值、理解世界。請問，中國應該選擇什麼價值，如何理解世界？

余：我沒有資格建議應選什麼價值。我只能提一個原則，即所選價值是開放性、多數文明社會都能接受的。開放心靈尤其重要，想理解世界決不能固步自封，以自己為中心。

馬：您還說，「一旦中國文化回歸到主流之『道』，中國對抗西方的大問題也將終結」。您所謂的主流之「道」是什麼？中國文化如何與西方核心價值兼容？

余：我所謂「文明主流」，是包括中國在內的普世性文明。我從不認為中國文化與西方文化是對立的、互不相容的。所謂「道」便是重視「人」的道，群體和個人都同時能得到「人」的待遇。只要有「己所不欲，勿施於人」的胸襟，中西文化自然而然能包容彼此的核心價值。

（原載《中國在歷史的轉折點——當代十賢訪談錄》，中和出版有限公司，二〇一二）

群己之間
——中國現代思想史上的兩個循環

這次會議的主題是「當代中國人心目中的國家、社會和個人」。我想從一個特殊的角度來討論這個主題，即以國家、社會代表「集體」的一端，而把個人（或個體）放在另一端。這樣，我們便可以提出集體和個人之間的關係的問題，也就是中國傳統語言中所謂群與己的問題。嚴復用「群己權界論」來翻譯穆勒（John Stuart Mill）的〈自由論〉（On Liberty）便最早接觸到這個問題。

但我並不是想用「集體」和「個體」的二分法來簡化國家、社會和個人之間的種種複雜的關係。我也不相信任何一個實際的社會，無論是傳統的或現代的，東方的或西方的，可以簡單地劃分為純集體主義或純個體主義的型態。所以本文涉及集體主義或個體主義的概念時，都只有畸輕畸重之間的相對意義，而且也僅僅是為了分析上的方便。

中國文化傳統　個人集體孰重

現代研究中國文化和歷史的人往往會提出一個問題：中國的傳統究竟是偏重於集體主義（collectivism）呢？還是偏重於個體主義（individualism）呢？這個問題並不容易答覆。如果從古代思想史上看，中國確出現過集體主義的理論，也有過個體主義的主張。例如墨子的「尚同」、《商君書》中的「一教」顯然屬於集體主義的範疇，而楊朱的「為我」、莊子的〈逍遙遊〉、以至《呂氏春秋》中的〈重生〉、〈貴己〉等篇則代表了個體主義的一型。但是自漢代以來，在社會政治思想上占主流地位的是儒家。墨家幾乎消失了，法家和道家雖然也偶有得勢的時代，但通二千年以觀，究竟是處於比較次要地位。儒家確不能簡單地定位於集體主義或個體主義。

以原始的教義而言，儒家可以說是擇中而處，即居於集體與個體的兩極之間。從消極方面說，儒家既反對極端的集體主義，也排斥極端的個體主義。孟子「距楊墨」便清楚地表現了這一立場。從積極方面說，儒家雖自孔子始即重視群體秩序，但並不抹殺人的個性。如孟子說：「物之不齊，物之情也。」又說：「人心不同，各如其面。」漢以後儒家大體上仍沿襲著這一「中庸之道」。但由於它不斷吸收其他學派的思想成分，以及受到不同時代的客觀形勢的激發，儒家立教的重點有時偏向於群體的秩序，有時偏向於自我的認識。最明顯的，如漢代是大一統的時代，群體秩序最為重要，因此法家（韓非）的三綱說也走進了儒家的理論。又如宋明儒家的心性討論，重點無疑是在「為己」，這是受了道、釋兩家（尤其是禪宗）的長期挑戰而產生的一種反響。即使是偏向「外王之道」的王安石也不能自外。他特別強調《論語》中「古之學者為己」的說法，所以他說：「為己有餘，而天下之勢可以為人矣，則不可以不為人。」王陽明學派把心性之學發展到最高峰，宋明儒學重個體的傾向因此也表露得最為明白。

在中國文化傳統中　對個體價值的肯定

本文的主旨不在討論傳統思想中的群己問題，以上所作的概括不過是為現代的思想變遷提供一個歷史的背景。因為離開了這一背景，我們便不容易說明為什麼中國現代知識人竟能在短短七、八十年中，在集體和個體兩極之間經歷了兩度循環。這個背景究竟對於我們有什麼啟示呢？我的看法是：正由於以儒家為主流的傳統文化雖重視群體秩序，而仍給個體的價值保留了一定的地位，因此近代思想家自譚嗣同、梁啟超以下才能以較快的步伐衝破名教綱常的網羅，並建立起個人自主的意識。據胡適在一九三〇年代初的估計，從《新民叢報》時代的梁啟超到一九二三年，個體主義是中國思想界的主要傾向。一九二三年以後，這一傾向才逐步為集體主義（革命或民族主義）所取代。這是近代思想運動直接參與者的證詞，確有堅強的根據。從譚嗣同的《仁學》到「五四」運動前後，不過二十年的時間，個人自主解放的觀念在新知識階層中便已獲得相當普遍的傳播和接受。早期的陳獨秀也是提倡個體意識的一個有力分子。總之，中國文化傳統以至儒家內部也有肯定個體的成分，這種成分至少曾減少了中國知識人對於西方個體本位的種種價值的抗拒力。《國粹學報》中人往往強調民主、民權、自由、平等、社會契約等觀念早已出現於中國古代的經典之中，這自然是一種幼稚的附會。但是附會之所以可能，則是由於中國傳統中具有肯定個體價值的成分，如前所述。魏晉無君論、泰州王門，以及黃宗羲《明夷待訪錄》等特別受到《國粹學報》的宣揚，我們不難由此而略窺其中的消息。

但是我們也不能否認中國傳統更重視群體的秩序，名教綱常便是它在這一方面的最極端的表現，而且和儒家結有不解之緣。現代反傳統、反儒家的中國知識人主要即著眼於此。這個名教綱常的傳統則為集體主義在現代中國的發展提供了歷史條件。在國民黨開始一黨專政的期間，胡適曾寫過一篇〈名教〉的專文。他指出國民黨假「革命」之名，用標語口號統治中國，其實是傳統「名教」的現代翻版。但是和一九四九年以後中國共產黨的統治相較，那簡直是小巫見大巫了。一九一九年中國知識人用全力打倒了孔家店的舊名教，三十年後他們卻畢恭畢敬地請來了馬家店的新名教。從打破舊名教的束縛、要求個人自主，到接受新名教、放棄個人自主，這是現代中國思想史上的第一個循環圈。今天中國思想史正進入第二個循環圈，即打破新名教的束縛，再度要求個人自主。

現代的中國知識分子　往復於集體個體兩極

現代中國知識人為什麼會這樣快地在集體與個體的兩極之間循環往復？這不是一個容易解答的歷史問題，外緣因素和內在的文化因素都糾結在一起。外緣方面主要是中國這一集體所面臨的危機，這大致相當於李澤厚先生所說「救亡」問題。而且個體自主的要求事實上由集體的危機所引發的。關於內在的文化因素，這裡只能提示一點，即中國傳統游移於集體與個體之間，但對於兩者的關係卻沒有清楚的界定。

個人、社會、國家都是西方近代的概念，傳統的中國不存在這樣的劃分。在傳統政治社會思想中，最有影響力的說法是《大學》所謂「修身、齊家、治國、平天下」。這似乎是從「己」逐漸步向「群」的推廣。但《大學》是先秦晚期的文獻，其中「家」、「國」、「天下」的觀念都與後世有異。以漢以後情形而言，「齊家」怎樣能一躍而至「治國」已大成問題，以現代的情形說，則「修身、齊家」屬於「私」的領域，「治國、平天下」則屬於「公」的領域，其中有一道鴻溝更是越不過去的。無論是中國傳統的群己關係論或現代西方關於個人、社會、國家的種種學說，中國學術思想界都沒有機會從容討論。我們對於所謂現代性的理解往往也徘徊於集體與個體的兩極：在集體危機的時代，我們不免以「富國強兵」為現代化的主要特徵；在個體過分受壓抑的時代，我們也許又會以「個人自主」才真正代表現代化。

今天西方不少思想家憂慮極端個體主義（特別是像美國所代表的）對於整體社會的損害，因而提出了所謂社群論（communitarian）的個人權利說。這當然針對著西方個體主義的傳統而發的。中國傳統既非極端的個體主義型，也非極端的集體主義型，而毋寧近於社群式的。但這不過是說型態相近而已，絕不表示中國傳統不存在著非常嚴重的缺陷。怎樣去發現傳統的缺陷而予以現代性的調整，正是一個最重要的課題。無論如何，中國傳統在理論方向上不趨極端，企圖兼顧群體與個體，而獲致一種平衡，則是甚為可取的。

（原載《現代儒學論》，八方文化企業公司，一九九六）

儒家思想與日常人生

儒家思想在整個二十世紀走過了一條漫長而崎嶇的道路，而且直到最近幾年，大體上說，這是一條下坡路。在本世紀即將結束的今天，我們應該可以超越一切激情和成見，重新估計儒家思想在下一個世紀的中國可能發揮什麼樣的作用。這裡所用「可能」兩個字是很吃緊的，因為我們必須將人的主觀努力估計在內。如果中國人繼續視儒學為現代化的障礙，那麼我們的估計便僅僅是一種可能性而已。

任何關於儒家前景的估計，都不能不以儒家以往的歷史為依據；祇有以儒學的傳統功能作對照，我們才能在儒家思想和現代社會之間試求一種整合的方式。

如所周知，儒家思想在傳統中國社會的影響是無所不在的，從個人道德、家族倫理、人際關係，到國家的典章制度以及國際間的交往，都在不同的程度上受到儒家原則的支配。從長期的歷史觀點看，儒家的最大貢獻在於為傳統的政治、社會秩序提供了一個穩定的精神基礎。

但儒家之所以能發揮這樣巨大而持久的影響，則顯然與儒家價值的普遍建制化有密切的關係。上自朝廷禮樂、國家典章制度，中至學校與一般社會禮俗，下及家庭和個人的行為規範，無不或多或少體現了儒家的價值。誠如史學家陳寅恪所指出，「夫政治社會一切公私行動莫不與法典相關，而法典為儒家學說具體之實現。故二千年來華夏民族所受儒家學說之影響最深最鉅者，實在制度法律公私生活之方面。」我所謂「建制化」或陳寅恪所謂「法典化」，都是取其最廣義而言，並不如近人所說，儒家的建制化完全出於政治的動機，即為便於帝王統治而設計的。這種簡單的概括與歷史事實不符。廣義的建制化是在長期歷史演變中逐漸形成的，其動力主要來自社會與民間。我們也不能簡單地把儒家思想和建制化截然分開，並進而肯定前者，否定後者。這是今天一般為儒家辯護者所最常採用的策略。從歷史的觀點看，這一二分法是不能成立的。儒家思想與建制化之間是一種理想與現實的關係，因此必然具有理想與現實之間的距離與緊張。但在具體的歷史進程中，二者又是互相維繫的。事實上，如果不是由於建制化的發展，儒家思想便不可能成為中國文化中的主流了。

無論儒家建制在傳統時代具有多大的合理性，自辛亥革命以來，這個建制開始全面地解體了。儒家思想被迫從各層次的建制中撤退，包括國家組織、教育系統以至家族制度等。其中教育系統尤為關鍵所在。儒家與有組織的宗教不同，它的思想傳播中心不是教會組織而是各級的公私學校，而中國傳統的教育則又直接與科舉制度連成一體。一九〇五年科舉的廢止是儒家建制解體的一個最早的信號，其事尚在辛亥革命之前。

儒家建制不能適應現代社會是一個無可否認的事實。新式學校代科舉而起，自然是一項重大的改進。但隨之而來的則是儒家基本經典在新式教育中所占的分量愈來愈減輕。民國初年，中、小學堂的修身和國文課程中還採用了不少經訓和孔子言行，「五四」以後一般中小學校教科書中所能容納的儒家文獻便更少了。

以上祇是從傳統教育建制的解體說明儒家思想在二十世紀的困境。這和西方近代政教分離的情況截然不同，基督教與政治建制劃清界線之後，仍有教會的建制作為它的托身之所，牧師繼續在教堂中講解教義；神學家也繼續在神學院中闡釋經典；而一般信徒閱讀《新舊約》更未曾因政教分離而中斷。相形之下，儒家思想與傳統建制分手以後，則尚未找到現代的傳播方式。康有為、譚嗣同等有鑑於此，所以才有組織「孔教會」的倡議。但由於歷史和文化背景的不同，更由於儒家的根本性質與一般宗教截然有別，這一嘗試終無所成。我曾將現代儒學比作「游魂」，其根據即在此。

今天我們首先必須認清儒家思想自二十世紀初以來已成為「游魂」這一無可爭辯的事實，然後才能進一步討論儒家的價值意識怎樣在現代社會中求體現的問題。認清了這一事實，我們便不得不承認：儒家通過建制化而全面支配中國人的生活秩序的時代已一去不復返。有志為儒家「招魂」的人不必再在這一方面枉拋心力。但是由於儒家在中國有兩千多年的歷史，憑藉深厚，取精用宏，它的游魂在短期內是不會散盡的。祇要一部分知識分子肯認真致力於儒家的現代詮釋，並獲得民間社會的支持與合作（大陸上的民間社會現在也有開始復活的跡象），則在民間社會向公民社會轉化的過程中，儒家仍能開創新的精神資源。（在這一過程中，政府對於儒家的新發展最多祇能處於從旁贊助的地位，而不應直接干預。）

近年來我對儒家究竟怎樣融入現代中國人的生活之中的問題曾反覆思索。我所得到的基本看法是儒家的現代出路在於日常人生化，唯有如此儒家似乎才可以避開建制而重新發生精神價值方面的影響力。但「日常人生化」祇是一個整體的概念，下面將對這一概念作一點初步的分疏。

從歷史上觀察，儒家的日常人生化最遲在明清時代已開始萌芽。唐宋的儒家從全面安排生活秩序的觀點出發，依然對朝廷抱著很大的期待，因此「聖君賢相」的格局在他們的政治理想中占據著中心的位置。杜甫的詩句「致君堯舜上，要使風俗淳」具體表達了這一嚮往。王安石以「賢相」自許，所以也要求宋神宗上法堯、舜，不能僅以漢唐為典範。南宋以後儒家雖已重視教育過於政治，但朱熹仍念念不忘以「正心、誠意」四字說皇帝。他發揮二程的主張，編成一部《四書》，首出《大學》為之綱領，於是「內聖外王」的儒家規模便清楚地呈現出來了。據朱熹自述，《大學》的注釋是他平生最用心之所在，甚至死前尚在改定〈誠意〉章的注語。這正是因為《大學》的「三綱領」、「八條目」最能表現儒家全面安排生活秩序的整體觀念及其進行次第。總之，朱熹認為「道」的完全實現，最後還是需要一位「聖君」，因為權力中心之地，如果不淨化，則儒家建制的整體運作終將為之失靈。「得君行道」仍是儒家建制中一個不可或缺的環節。

但明、清以來，特別是王陽明以來的儒家顯然有一個重要的轉變。他們似乎不再把「道」的實現完全寄托在建制上面；對於皇帝以至朝廷的作用，他們也不像宋儒那樣重視。我們試比觀朱熹和王陽明的文集，前者為向皇帝陳治道，上了無數「封事」或「箚子」，而後者在這一方面幾乎是一片空白。不但如此，朱熹的學說，無論是「修己」還是「治人」，主要是以皇帝以至士大夫為對象；王陽明的「致良知」則專就日常生活處指點，而且遍及於「愚夫愚婦」。所以王陽明要強調「與愚夫愚婦同的便是同德」。他又有詩句論「道」云：「不離日用常行外，直至先天未畫前」。這是把先天妙道通貫到日用常行，尤其生動地說明了儒家日常人生化的動向，所以陽明的後學，特別是泰州王門，強調「滿街都是聖人」的觀念，又喜歡以「端茶童子」之類的眼前例子發明「良知」的妙用。

我們由此可以看出，儒家日常人生化帶來一種重點的轉移，以前儒者把希望寄托在上面的「聖君賢相」，現在則轉而注重下面的普通百姓怎樣能在日常人生中各自成聖成賢。王陽明用黃金比喻聖人，在此便顯出了重大的意義。聖人如黃金，在成色不在分量。這就打破了以政治社會地位判斷個人的價值的俗見。我們也可以說，陽明又回到了先秦儒家「人皆可以成堯舜」的原始命題。這是儒家的溫故知新，而不是直線的新陳代謝。

明代中葉以後儒家的基礎動向是下行而不是上行，是面對社會而不是面對朝廷。唐宋時代「致君堯、舜上」的意識也漸漸淡薄了。試舉一個有趣的例子：泰州王門的羅汝芳曾問張居正：「君進講時，果有必欲堯、舜其君意否？」張居正沉吟久之，答道：「此亦甚難。」從這一番問答中，我們清楚地看到：不但問者已不相信「致君堯、舜」的儒家理論，而且答者也對此失去了信心。以張居正與萬曆的師生關係之深，在進講時已不敢奢望能使青年皇帝成為「聖君」了。明清儒家不再期待「聖君」還有另一個理由，即他們已逐漸了解：普通百姓都能為自己的利益作最大的努力，這遠比等待「聖君」從上而下的施德為可靠。所以顧炎武說：「天下之人各懷其家，各私其子，其常情也。為天子為百姓之心，必不如其自為。此在三代以上已然矣。」這句話說得十分透闢。「三代以上」正是儒家所謂聖君堯、舜的時代，堯、舜為百姓之心尚且不如百姓自為，則後代的帝王便更不必說了。

明清儒家日常人生化發展至此，事實上已打破了「內聖外王」的古老神話。在這個關鍵性的問題上我們不能不重新檢討一下《大學》的八條目，因為這是後世「內聖外王」說的最主要的文獻根據。前面已提到，程、朱提倡《大學》確有他們的苦心。如果儒家思想必須通過政治建制而實現，則「內聖外王」說是有其堅強的理由的。但是一旦儒家因日常人生化而擺脫了政治建制的糾纏，那麼整個情況便改變了。《大學》八條目是格物、致知、誠意、正心、修身、齊家、治國、平天下。依照原文的次序，這似乎是一個由內而外的必然歷程。修身以上屬「內聖」的範疇，齊家、治國、平天下則是層層向外推擴，而所謂「外王」主要是指最後兩項。明代有關《大學》的爭議大體上集中在「內聖」的功夫上面，其中「格物」兩字尤其異說紛紜。現在為了討論「內聖外王」說的方便起見，僅以修、齊、治、平為限，即以「修身」代表「內聖」（包括了格、致、誠、正），以治、平代表外王，而齊家則為內聖與外王之間一種過渡。

依照一般的理解，「內聖」是「外王」的精神內核，故必先修身有成始能齊家，齊家有成始能治國，治國有成始能平天下。這個看法在儒家久已變成天經地義，幾乎沒有人曾對它正式提出過疑問，甚至在今天也還擁有不少信徒。但是明末清初的陳確，由於懷疑《大學》不是「聖經」，竟連帶不相信古人修身與齊家、治國、平天下之間有必然的關聯。他說：「古之人慎修其身也，非有所為而為之也。而家以之齊，而國以之治，而天下以之平，則固非吾意之所敢必矣。」這一見解確有根據。孔子說：「德之不修，學之不講，聞義不能徙，不善不能改，是吾憂也。」這正是視修身為目的，而不是實現「外王」的手段。孟子曾引當時的「恒言」云：「天下之本在國，國之本在家，家之本在身。」這段話在字面上雖與《大學》的「修、齊、治、平」相似，但並不蘊涵《大學》原文中「內聖」必然推出「外王」的一番意思。《大學》中與孟子引言最相契的，毋寧是「自天子以至庶人壹是皆以修身為本」那句話。

下及明清，譚嗣同則致疑於「齊家」何以能推至「治國」。他討論「家齊而後國治，國治而後天下平」的問題說：

彼所言者，封建世之言也。封建世，君臣上下，一以宗法統之。天下之大宗也，諸侯、卿大夫皆世及，復各為其宗。……宗法行而天下如一家。故必先齊其家，然後能治國、平天下。自秦漢以來，封建久湮，宗法蕩盡，國與家渺不相涉。家雖至齊，而國仍不治，家雖不齊，而國未嘗不可治。……大抵經傳所有，皆封建世之治，與今日事勢，往往相反，明者決知其不可行。

譚氏從歷史觀點解釋《大學》的「家齊而後國治」，眼光甚為銳利。「五四」以後史學家也進一步支持了他的觀察。如顧頡剛曾指出，《大學》中「齊家」並非一般人民之「家」，而是「魯之三家」、齊之「高、國之家」，即「一國中之貴族，具有左右國之政治力量者。」

《大學》修、齊、治、平說的歷史背景既獲得澄清，「內聖」與「外王」之間自秦漢以後便已不可能存在著必然的聯繫，而歷史事實也正是如此。明、清儒家日常人生化的大趨勢，更推遠了修、齊和治、平之間的距離，以此為起點，我們才能進一步推測儒家的價值意識怎樣在現代社會中落實的問題。

明清儒家曾提出了公與私的分際，自十六世紀至十九世紀論辯甚多，這一點早已引起現代學者的注意。儒家論「公」與「私」雖與西方近代所謂「公領域」和「私領域」不盡符合，但畢竟有可以相互發明的地方。我們不妨借用之以說明儒家的現代定位。如果繼續運用《大學》的語言，我們可以順理成章地把「修身、齊家」劃歸私領域，把「治國、平天下」劃歸公領域。這兩個領域之間雖存在著千絲萬縷的交涉，然而同時也存在著一道明確的界線。公領域不再是私領域的直接延伸，不過兩個領域還是互有影響的。日常人生化的現代儒家祇能直接在私領域中求其實現，它和公領域之間則是隔一層的關係。這大致類似西方現代政教分離的情況。換句話說，儒家在修身、齊家的層次上仍然可以發揮重要的作用，但相對於治國、平天下而言，儒家祇能以「背景文化」的地位投射間接的影響力。我們如此劃分公私二領域並非完全效法西方，而是進一步發展明清以來儒家日常人生化的大潮流。西方在此僅處於參照的地位。這是上面所已明白指出的，而且日常人生化在原始儒家中也不是毫無根源的。試看《論語・為政》的記述：

> 或謂孔子曰：「子奚不為政？」子曰：「《書》云：『孝乎惟孝，友于兄弟，施於有政。』是亦為政，奚其為為政？」

朱熹《集注》解釋這一段話說：

> 《書》言君陳能孝於親，友於兄弟，又能推廣此心，以為一家之政。孔子引之，言如此，則是亦為政矣，何必居位乃為為政乎？

所以孔子也肯定修身、齊家具有自足的價值，不必一定要直接參政。這段話對於儒家價值意識的現代重建具有重大的啟示作用。

西方基督教自宗教改革以來也走的是「肯定日常人生」的道路。新教反抗中古教會的建制化，讓每一個基督徒都直接面對上帝，並執行上帝交給他的人間使命。這個使命可以是科學濟世、企業成就、社會改進或任何其他有益於人類的工作。明清儒家日常人生化的具體內容雖與西方新教異趣，但以大方向而言，中西雙方確有互相比照之處。這是至可驚異的。

現代儒家不再直接插手公領域，這在上面已說過了。然而這不是說儒家已與公領域完全斷絕了關係。美國人文主義大師白璧德（Irving Babbitt）在《民主與領袖》一書中特別以孔子與亞里斯多德並舉。他認為孔子之教能夠提供民主領袖所最需要的品質。儒家「以身作則」精神可以塑造出「公正的人」（"just man"），而不僅僅是「抽象的公正原則」（"justice in the abstract"）。這是儒家可以貢獻於現代民主之所在。白氏所看重的顯然便是儒家的修身理論。舉此一例，便可見日常人生化的儒家通過間接的方式，仍然可以繼續有助於治國、平天下。

（原載《現代儒學論》，八方文化企業公司，一九九六）

輯二

重振獨立自主的人格

在這篇短文中，我只能集中地談談中國知識人（注意：不是「分子」）的問題，先回顧一下他們在二十世紀的旅程，然後再略略展望他們在新世紀可能的前景。二十世紀之初，中國雖然既弱又貧，好像隨時有被「列強瓜分」的危險，但中國知識人卻正如日中天。

一九〇〇年前後，梁啟超一枝「常帶感情」的健筆不知風靡了多少中國人，給他們以無限的希望，接著則是從「文學革命」到「五四運動」，那更是知識人群體的黃金時代。民國四年（一九一五）九月，胡適在美國第一次寫「文學革命」的長詩，其中便有「再拜迎入新世紀」之句，可見他對於二十世紀抱著多大的期待。

自譚嗣同在《仁學》中首揭「個人自主之權」以來，「個人自主」成為中國知識人的中心價值之一。所以陳獨秀在一九一六年正月號《青年雜誌》上還特別提倡「尊重個人獨立自主的人格」。

但「個人自主」的含義是在五四新文化運動以後才獲得比較深入而全面的展開的。這一中心價值的實踐當時自然仍局限在知識人之間，但無論如何，這總不失為一個有希望的開端。正如西方的民主、自由、人權等價值一樣，最初始於中產階級，然後才愈傳愈廣，終於普及到一切階層與個人。中國的文化、社會結構和西方不同，「士」一向居於「四民之首」，只有在知識人的前身「士」牢牢守住「個人獨立自主的人格」之後，這個價值才有可能向其他社會階層傳布。這是梁啟超在一百年前大聲疾呼「欲興民權，宜先興紳權」的主要根據。他所說的「紳」，其實便是「士」，這是毫無可疑的。

但五四時期也成為中國知識人歷史上的一個分水嶺。在五四前後約十年左右，中國知識人確曾發展了「獨立自主的人格」；他們在思想和知識的領域內，通過個人「良知」或「理性」的判斷，各自選擇自己的方向分頭發展，即使以政治活動為終身事業的知識人，也表現出多元蓬勃的生氣。當時新興的政治和文化團體很多，從極端保守的到極端激進的，應有盡有。它們之間的互相批評有時是很激烈的，但大體上仍不脫自由競爭的正常軌道。

今天看來，這些團體無論是「左」還是「右」，都必須看作五四新文化運動不可分割的一部分。試想：如果新文化運動中沒有清華國學研究院王國維、梁啟超、陳寅恪的史學著作，沒有梁漱溟的《東西文化及其哲學》，也沒有南京東南大學的《學衡》雜誌，那麼五四時期中國的學術和思想將貧乏成什麼樣子？上述這些學人和團體在政治上都屬於「保守」甚至「反動」的一邊，其中清華的王國維、陳寅恪和《學衡》派的吳宓、梅光迪甚至終身拒絕接受「白話文」，然而他們都充分體現了「個人自主」的現代精神。王國維自沉昆明湖，陳寅恪說他以生命來實踐「獨立之精神，自由之思想」，這是最中肯的論斷。陳寅恪晚年也繼王國維而起，以大無畏的氣概，捍衛「不自由，毋寧死」的最高原則。以領導五四的幾位主將而言，胡適、陳獨秀、魯迅也都能各持其信念，終身不向權勢低頭。

不幸在一九三〇年代以後，中國知識人便開始守不住「個人自主」的價值了。日本侵略愈逼愈緊，中國確實面臨著亡國的危險。國家、民族意識的高漲是必然的；知識人在國難時期應該把國家和民族的整體利害放在第一位，這也是不容爭辯的。但是這不能構成他們放棄「個人自主」的充足理由，更不能成為擁護「獨裁」、「專制」的根據。

一九三四年，蔣廷黻和丁文江提出「新式專制」、「新式獨裁」的概念便是一個訊號。他們都是所謂「自由主義者」，對現代政治與社會也有深刻的認識。他們的動機不過是希望中國有一個強有力的集權政府，可以有效地對內進行建設，對外抗拒侵略。當時堅持民主的主要是胡適。所以這是一場中國自由主義者內部的爭論。主張「獨裁」的丁、蔣兩人也只是把「獨裁」或「專制」當作危急時期的過渡策略。胡適所憂慮的則是：「一黨專政」的觀念從此將更為牢不可破，中國民主的前途也將更為黯淡了。我說這是一個「訊號」，因為自此以後，愈來愈多的知識人在「國家」、「民族」、「人民」、「革命」等集體性的政治符號前面失去了批判的能力。他們甚至對「個人自主」的價值感到羞愧和罪惡。從抗日戰爭起，中國知識人雖有左右的政治分化，但「個人自主」的主體意識一天比一天萎縮，則殊途同歸。一九五〇年代以後中國知識人的處境和心態是大家都熟悉的，已不用再說了。

在世紀末的今天，中國知識人的主體意識顯然已開始復甦。我們雖明知中國有不少知識人屬於《中庸》所謂「中立而不倚，強哉矯」的一型，平常卻很難聽得到他們的聲音。外面最有機會聽到的則是粉飾「太平」、歌頌「盛世」的大言壯語，寄託於「三代工程」者有之，依附於「三後論說」者也有之，「主權」高於「人權」的呼聲近來更是響徹雲霄。此外，以天朝的「弄臣」自喜，對邊鄙「資產階級腐朽文化」肆其輕薄者亦復時有所聞。任何一種文風和心習，一旦形成之後，便不可能在短期中自動消解。所謂「新世紀」、「新千年」不過是一個紀年數字的簡單變換，難道我們真能相信在一九九九這個數字轉為二〇〇〇的一剎那間，世界便真會「一元復始，永珍更新」了嗎？

傳統「士大夫」早已走進歷史，一去不返，現代知識人也不過是千萬種行業之一，決無特權可言，也不應該有任何特權。但是由於歷史和文化的傳承關係，在中國尚未變成一個正常的現代社會之前，我們總不免對中國知識人抱著一點特別的期待。他們似乎仍有責任重振五四以來久已消沉的「個人獨立自主的人格」，在知識和價值兩大領域中不斷作開拓和耕耘的努力。因此我對於今天被迫沉默的中國知識人依然寄予最大的希望。

一九六四年，陳寅恪寫道：

雖然，歐陽永叔少學韓昌黎之文，晚撰五代史記，作義兒馮道諸傳，貶斥勢利，尊崇氣節，遂一匡五代之澆漓，返之淳正。故天水一朝之文化，竟為我民族遺留之瑰寶。孰謂空文於治道學術無裨益耶？（《寒柳堂集・贈蔣秉南序》）

這位有智慧，具通識的老史學家的話是值得我們三思的。我願意借他的話表達我對新世紀中國知識人的敬禮。

（原載《明報月刊》第四〇九期，二〇〇〇年一月）

「五四」的吸引力

今年是「五四」的七十週年。大陸、台灣、香港以及美國的中國知識分子都在準備以各種方式來紀念這一天。七十年來，我們已讀到了無數的紀念文字，但是關於「五四」的話好像是永遠說不完的。我個人也先後寫了不少篇討論「五四」的文字，該說的話差不多已說盡了。為了避免重複以往的論點，我想提出一個簡單的問題來談一談：為什麼「五四」對於中國知識分子有這樣經久的吸引力？

中國近代史上值得紀念的節日很多，但是知識分子年復一年自動紀念的似乎祇有一個「五四」。為什麼知識分子這樣永遠不能忘情於「五四」呢？這個問題當然可以有種種不同的答案。我在這裡姑且討論兩個方面，在我認為是比較重要的。

第一個方面是大家都看得見的，即「五四」運動經過了七十年的時間不但沒有完成其理想，而且在有些地方反而倒退了。這當然首先是因為「五四」的性質太複雜了，它是政治的、社會的，也是文化的。換句話說，「五四」是一個全面性的運動，它的終極目的是全面而徹底的變革。用胡適的話說：「民國六年以後的新文化運動的目的是再造中國文明。」這樣偉大的理想，即使進行得很順利，也不是六、七十年所能完全實現的，何況「五四」以後文化發展的途程中充滿了荊棘呢？「五四」運動沒有完成，長期處在「可望而不可即」的狀態，這正是它具有吸引力的一個重要原因。

第二個方面較少受人注意，但其實更為重要。在中國近代史上，「五四」是唯一由知識分子自動自發造成的重要運動；在這個運動的背後不但沒有任何政治或社會團體發蹤指示，而且參加運動的知識分子事前也沒有周詳的計畫或嚴密組織。他們都是以個人的身分，但不約而同地參加了這場運動的。

我們通常把「五四」分為狹義和廣義兩種。狹義的「五四」是指民國八年五月四日在北京爆發的學生愛國運動。這一天北京學生幾千人在天安門舉行了外交示威，逼使北京政府罷免了曹汝霖、陸宗輿、章宗祥三個「賣國賊」，也阻止了中國代表在凡爾賽和約上簽字。但廣義的「五四」則指民國六年以來的新文化運動（包括新文學和新思潮），而且這一運動在民國八年以後也仍在繼續擴大和深化之中。民國八年的「五四」愛國運動，不過是這一大運動之中一個最有象徵意義的環節而已。

無論我們採取狹義或廣義的解釋，「五四」都是知識分子的自發運動。新文化運動正式始於白話文學的革命。這是胡適在留美時期和他的朋友們一再爭論所發展起來的。胡適的〈文學改良芻議〉在《新青年》上發表以後，得到了陳獨秀、錢玄同等人的強烈響應，立刻席捲了全國。所以新文學革命從開始到完成都是知識分子自動自發一手包辦的。從文學革命到思想革命，其情形仍然是如此。李劍農《中國近百年政治史》對這一發展有很客觀的敘述：

> 國內的文學革命，好像與國民黨改組無若何關係，孫中山並且是主張保存舊文體，好像與文學革命是立於反對的地位的。但我們對於文學革命的效

果，最低限度不能不承認在文體解放上給予了國民黨一種改良的宣傳工具。辛亥以前的革命黨機關報的《民報》，連高等學堂的學生都有讀不懂的，現在的高小畢業生——讓一步說初中畢業生大概都可以讀懂中山的「三民主義」的白話經典了罷？……再進一層，由文體解放，進展到思想解放；於是所謂文學革命擴大到新文化運動；於是討論問題，研究主義，言論思想界，五花八門，表現一種很活潑的現象；大概自中學以上的學生團體，都要苦苦地撙節些錢出來，發行一種什麼短命刊物。這種現象是文學革命以前沒有的。（頁六〇四）

這段文字很能說明「五四」時代知識分子那種自動自發的精神。國民黨當時雖是領導革命的唯一政治組織，但在新文化運動上反而是「五四」的受益者。但是我們必須補充一句，孫中山很快地便感受到新文化運動的重要意義。所以他在民國九年一月二十九日寫給海外同志的信中，便承認「此種新文化運動在我國今日誠思想界空前之大變動」，「實為最有價值之事。」（參看胡適〈「五四」第二十八週年〉一文，見胡頌平《胡適之先生年譜長編初稿》，頁一九六八—一九

六九）

民國八年的「五四」愛國示威也同樣是知識青年自動自發的行動。據當時《東方雜誌》〈中國大事記〉：

八年五月四日。北京中學以上各校生，因巴黎和會議定將青島讓與日本，非常憤激。於本日聚集數千人，排隊出行，為一種示威運動，並四處分送傳單。拿白布旗，書「力爭山東問題」、「排除賣國漢奸」及「賣國賊曹汝霖、陸宗輿、章宗祥」等字。先至東交民巷各國公使署，遞意見書。途經曹汝霖住宅，群擁入質問。適回國駐日公使章宗祥在曹宅，被眾攢毆，受傷甚重。尋曹宅火發，學生整隊散去。警察及步軍游擊隊捕去學生數十人。未幾即經保釋。事後交通總長曹汝霖，幣制局總裁陸宗輿，及教育總長傅增湘等，均呈請辭職。國立北京大學校長蔡元培亦辭職出京。（轉引自柳詒徵《中國文化史》下冊，頁二八二—二八三）

這是當時的報導，給我們一種如臨其境的真實感。我們由此可以看到「五四」確是學生們臨時聞訊而自動組合起來的。據許多參加者的事後回憶（如傅斯年、蕭公權、張忠紱、梁實秋等），他們都是基於愛國心才挺身而出的，並沒有受到任何組織的操縱。這和一九三〇年代到一九四〇年代的學生運動完全不同。他們的後面不但沒有組織，甚至連新文化運動的領導人物也對他們毫無直接的影響。胡適回憶：

五四運動爆發時，我在上海，住在蔣夢麟先生家裡，還是幾位新聞記者來告訴我們這個消息。陳獨秀也沒有參加這個運動，他在箭桿胡同住宅裡編《每週評論》。（《胡適之先生年譜長編初稿》，頁二六八一）

我特別強調「五四運動」的自發性，因為我覺得這是中國知識分子七十年來一直珍惜它的另一個重大原因。直接對天下國家負責、直接對自己的良知負責，這是中國知識分子的傳統。東漢的太學生清議和宋代太學生的愛國運動便早已表現出這一特有的風格。過去四十年中，大陸上已不允許知識分子有自發的運動；台灣在解嚴以前，知識分子的處境也是大同小異。這主要是由於海峽兩岸的執政黨都是要壟斷「革命」的，包括文化思想上的創新在內。但是「五四」運動的歷史卻對我們有不同的啟示：至少在文化、學術、思想等領域內，知識分子並不需要任何革命組織的「領導」也可以開創出一個全新的時代。相反的，革命政黨的「領導」在文化領域內祇能造成「萬馬齊瘖」的局面。

由於「五四」運動基本上是一個自發的文化運動，七十年來它一直活在知識分子的集體記憶之中。這個記憶不是任何暴力所能完全摧毀的；它即使不能在顯意識中出現，也仍然會深藏在潛意識之中，為什麼自一九五〇年代以來，特別是北京大學，不斷出現抗議的言論？還不是因為「五四」的記憶無法消除乾淨嗎？中國知識分子在七十週年的今天特別熱烈地紀念「五四」，也是和這個深刻的記憶分不開的。

七十年來，「五四」對於不同的個人、不同的團體、不同的階級，都有著不同的涵義。國民黨自孫中山以後對於「五四」是懷著敵意的，至少也是相當冷淡的，因為它一直把「五四」看作是為共產黨開路的運動。共產黨對「五四」的態度可以分為兩個階段。在一九四九年前，它當然是歌頌「五四」的，但是歌頌的觀點則是相當特殊的。我們可以用毛澤東在《新民主主義論》中的一段話作為代表：

自有中國歷史以來，還沒有過這樣偉大而徹底的文化革命。當時以反對舊道德提倡新道德、反對舊文學提倡新文學，為文化革命的兩大旗幟，立下了偉大的功勞。五四運動是在思想上和幹部上準備了一九二一年中國共產黨的成立，又準備了五卅運動和北伐戰爭。

這倒證實了國民黨對「五四」的懷疑。但在一九四九年以後，共產黨對「五四」雖然表面上還不得不加以敷衍，事實上卻愈來愈討厭「五四」的傳統了。毛澤東對北京大學的態度便是最明顯的證據。他為什麼要說北大是「池淺王八多」？還不是因為他也敏感到「五四」仍存在於北大師生的集體記憶之中嗎？

那麼「五四」的意義是不是真在於它「是在思想上和幹部上準備了一九二一年中國共產黨的成立」呢？這句話自然不是毫無事實根據的，但其中的事實卻已經受了重大的歪曲和誇張。這裡涉及了「五四」本身所含有的內在衝突。作為一個文化運動，我想沒有人能否認「五四」在當時的中心涵義是追求民主和科學，也沒有人能否認當時知識分子感受最深刻的是「五四」所帶來的個性解放、多元價值和個人自由。但是狹義的「五四」則是一個愛國運動，所追求的是國家的獨立和民族的解放。在不知不覺中，「五四」已產生了個人和國家（或民族）之間的緊張。個人和國家並不必然是互不相容的，但在一九二〇年代以後，中國人確逃不開國家和個人誰更優先的問題。我們是為國家自由而犧牲一點個人自由呢？還是個人有了獨立和自由之後，才能爭取國家的獨立和自由呢？李澤厚提出的「啟蒙與救亡的雙重變奏」也正是指著這個內在衝突而言。不用說，在民族主義情緒極端高昂的形勢之下，「救亡」自然一次又一次地壓倒了「啟蒙」。「五四」以後，大多數中國知識分子都徘徊在個人和國家兩極之間，而受盡了煎熬。

陳獨秀一生的思想變遷給我們提供了一個最生動的實例。他在「五四」前期是全力提倡個性解放的，擁護德先生（民主）和賽先生（科學）的響亮口號也是他最早在《新青年》上喊出來的。但是很快地他便轉向共產主義，成為中國共產黨的創始人。這時他已徹底否定了個人自由，並不惜公然宣稱他以前所擁護的德先生是「資產階級的護身符」了。然而「五四」的原始精神畢竟深深地盤踞在他的潛意識裡，晚年又浮現出來了。一九四〇年他在一封信裡說，他「沉思熟慮了六七年」之後，終於認識到民主並不是和資產階級分不開的，「無產階級民主」也仍然是「同樣要求一切公民都有集會、結社、言論、出版、罷工之自由。」

陳獨秀的三個階段恰好象徵著「五四」運動的三個階段，也是一切覺悟後的共產黨人和左派知識分子的心路歷程。經過「五四」洗禮的知識分子是不可能徹底拋棄個人自由的。他們在國家危機的時期也許會暫時為民族的集體意識所淹沒，但是在雨過天青之後，個體意識便會再度抬頭。因為個性解放是現代人的普遍要求。

「五四」的原始精神是追求民主、科學，和個人的尊嚴與自由。這一原始精神曾長期處在民族危機的壓抑之下。「五四」的歷史又告訴我們；對於這一精神的追求從來便是知識分子自動自發的事。中國知識分子祇要能承繼自發的傳統，「五四」的再出發便邁出了第一步。

（原載《聯合報》，一九八九年五月四日；同見《歷史月刊》，一九八九年五月號）

「五四精神是一股真實的歷史動力」
——「五四」百年之際專訪余英時先生

採訪者：唐小兵
採訪嘉賓：余英時

余英時先生是享譽海內外的傑出歷史學家和人文學者，對於我們這一代七〇後從事思想文化史和知識分子史研究的學人而言，余先生的著作如《歷史與思想》、《士與中國文化》、《中國思想傳統的現代詮釋》、《朱熹的歷史世界：宋代士大夫政治文化的研究》、《論天人之際：中國古代思想起源試探》等都是我們高山仰止的經典，也是我們汲取學術靈感、探究學術方法和拓寬學術視野的重要學術資源。除了這些以中國歷史文化傳統與士大夫群體為研究對象的著作外，余先生也常涉足近代中國思想文化史領域，其《陳寅恪晚年詩文釋證》、《重尋胡適歷程：從日記看胡適的一生》、《未盡的才情：從《日記》看顧頡剛的內心世界》等都是研究近代中國歷史人物的膾炙人口的佳作，將思想史、生活史與心態史研究融為一爐，展現了近代中國知識人斑斕多姿的歷史群像。最近余英時先生的回憶錄三部曲的第一部在港台上市以後，也是洛陽紙貴一紙風行，在華人世界成為津津樂道的文化話題。余先生在這本回憶錄裡追溯了自身思想和學術成長的履歷，以此為契機串聯現代中國知識人波瀾壯闊的「內史」與「外史」，尤其是講述學術思想之演進脈絡的章節，大有龍場頓悟以身證道之感，更是「授人以漁」的歷史傑作。

筆者自研究生時代就開始觸及、閱讀和揣摩余先生體大思精的學術與思想，無論其史識、史才與史筆都是我極為仰慕的，而先生「獨立之精神，自由之思想」更是讓我敬佩不已。春風風人，春雨雨人，余先生栽培的弟子如王汎森院士、黃進興院士、陳弱水教授、田浩（Hoyt Tillman）教授等學者的作品，也對我輩影響甚深，在兩岸三地也頗受歡迎，可以說在中國思想文化史領域，「余學」成為最引人矚目也最具有學術生命力的一脈。

筆者因偶然機緣，得以哈佛燕京學社訪問學者身分，自二〇一七年秋到二〇一八年秋在哈佛附近居住了一年，這也是余英時先生一九五五年以哈佛燕京學社學者訪問過的名校，而且後來轉成該校歷史系博士生，又曾經在哈佛任教多年，可以說到了哈佛，感覺心理上與余先生更接近了。歸國前夕攜家人與幾位朋友專程到幽靜如世外桃源的普林斯頓余府拜訪余先生。行前台灣《思想》雜誌總編輯錢永祥先生得知我的行程，特意囑咐我為該刊做一個學術訪問。一想到二〇一九年正好是「五四」運動百年，而余先生曾先後多次撰文紀念「五四」，我自己的研究領域集中在現代中國知識分子史，大多與「五四」時代的思想文化有或多或少的關聯，於是就有了在余府閒談之後的聚焦「五四」的一小時正式訪問，余先生夫人陳淑平老師平易近人，對我們這些訪客極為熱忱，給我們精心準備了茶水和點心。這真是一次奇幻而如沐春風的「思想文化之旅」，後經錄音整理發給余先生，余先生以近九十之高齡，對這個學術訪問極為鄭重，擱置了其他手頭事務，花費了很大心血幾乎等於重新撰寫了他對於近代中國思想文化史上的「五四」的理解與詮釋。我想，這也許是「五四」百年之際，對於歷史中的先賢最好的紀念吧，正如美國猶太裔思想家漢娜．鄂蘭（Hannah Arendt）所言：除非經由記憶之路，人類將不能達到縱深。我想，與余先生通過訪談對歷史世界與思想世界的重訪，也是抵達「五四」的縱深區域最重要的途徑之一吧。

唐小兵（以下簡稱唐）：余先生，您好！謝謝您願意在「五四」百年之際接受《思想》委託我的專訪。您在「五四」運動七十、八十週年等重要的紀念年份都曾發表過專門的紀念和反思文章，深化了華人知識界對這一現代中國歷史上的重要事件和時刻的認知。請您先概略地談談您現在對「五四」的基本認識吧。

余英時先生（以下簡稱余）：在未開始討論之前，我想先談一談個人對「五四」的大體認識：第一，我認為「五四」具有多重的複雜性質，不能僅僅把它看成一場激進的思想運動（或革命）。在一般人的理解中，「五四」的特色在推翻中國的名教傳統，運用西方現代的文化成果，特別是民主（「德先生」）和科學（「賽先生」），把古老的中國轉變為一個現代化的國家和社會。所以「五四」作為一種新文化或新思潮往往被看作和「反傳統」與「西化」是分不開的。這一理解或認識大體上是言之成理，持之有故的。但是我們決不能進一步推斷：所有接受或認同「五四」新文化的知識人都必然會走上反傳統與激進化的道路。事實上，只要稍作考察，便可發現很多學人當時曾參加「五四」運動，也接受民主和科學，但對中國傳統並不一筆抹殺，而且還能指出傳統家族與宗親關係也有互相支援的一面。他們主張憲政，尊重思想和學術的自由，但反對以暴力改變現狀的激進態度。我過去曾指出，蕭公權先生便是一個典型人物，因為和他採取相似立場的學人隨處可見。甚至胡適本人也同樣具有典型性，晚年（一九六〇）〈中國傳統與未來〉（The Chinese Tradition and the Future）一篇講詞便是明證。

第二，今天一般的印象多以為「五四」是一場驚天動地的運動，其影響立即傳布到全國各地。事實上又適得其反。讓我舉《胡適日記》中一個有趣的例子。一九二二年十月二十四日，北大招生考試，國文科有一道作文題：「述五四以來青年所得的教訓」。其中有一個奉天（瀋陽）高師附中的學生竟問胡適：「五四運動是個什麼東西？是哪一年的事？」胡大為驚詫，還以為這是一個特別的例外。不料他遇到其他試場的監考人，他們也說有十幾個考生不知「五四」為何物。這時上距「五四」運動的發生不過三年，而北大考場卻發生如此不可想像的事件，可見「五四」的衝擊力大概限於北京、上海、天津、南京等大城市的少數大學、中學等處，其他邊遠城市似乎並沒有受到深刻的刺激。同時，我自己的早年經歷也可以與上例互相印證。我是一九三七年回到安徽潛山縣官莊鄉的，一九四六年初才回到城市。這九年中，我曾在桐城縣城內的外公家中住過一兩年，此外還短期住過潛山縣城野人寨和舒城縣城。我接觸過的人多是中學教師、地方名士（如桐城）和縣級官員等。但我從來沒有聽見過「五四」這個名詞，甚至學寫作文也一律用文言，沒有先生教過或提倡寫白話。我確曾有一次聽到過有人罵陳獨秀主張「萬惡孝為首，百行淫為先」（按：其實是誣詞。）但罵者並未連帶提到「五四」運動。我知有「五四」是戰後回到大城市後的事。我認為這一點對我們理解

「五四」的歷史意義是很重要的。換句話說，「五四」作為一個新文化或新思潮，必須從長期歷史的發展中了解。

第三，「五四」作為一個新文化或新思潮運動，雖然未曾在全國範圍內發生立即的普遍的作用，但長期來看，它的確為中國學術思想史開闢了一個全新的時代。這裡我要介紹一下，胡適晚年對「五四」（按：他稱之為「文藝復興運動」或「新文化」、「新思潮」）所提出的一個新解釋。由於他的有關文章未曾正式刊行，這一晚年之論竟沒有引起人的注意。一九五五年，他寫了一篇很長的論文，名為〈四十年來中國文藝復興運動留下的抗暴消毒力量〉（又題作〈中國共產黨清算胡適思想的歷史意義〉），但這篇長文並未寫完，尚待續稿，死後收在《胡適手稿》第九集。當時中共正在發動全國性的「胡適批判」運動，《自由中國》就有一封公開信，請他討論為什麼中共要如此大舉清算胡適思想，並公開宣告胡適是「中國馬克思主義和社會主義思想的最早的、最堅決的、不可調和的敵人。」（周揚語）以下是胡適的答案：

這個大謎的解答，費了我好幾個月的研究和回想，現在我漸漸明白了。我雖然從沒有寫過一篇批駁馬克思主義的文字，我在這三十多年中繼續為中國文藝復興運動所做的工作，漸漸的把那個運動的範圍擴大了，把它的歷史意義變得更深厚了，把它的工作方法變得更科學化了，更堅定站得住了，更得著無數中年和青年人的信任和參加了。

胡適緊接著說：「這一段話很像是替我自己大鼓吹」，但他認為這是一個「近於史實的論斷」。就我所知，他確有一些誇張個人作用的嫌疑，然而他指出中國文藝復興運動在「五四」以後幾十年間一直在「擴大和加深」之中，則是不可否認的歷史論斷。

一九一九年胡適在〈新思潮的意義〉一文中說：「新思潮的根本意義只是一種新態度。這種新姿態可以叫做『評判的態度』。」所謂「評判的態度」便是今天通用的「批判精神」（critical spirit）。「五四」以後，絕大多數的知識人在從事嚴格的教學和研究時都已受到這一「態度」或「精神」的啟發，因此才能在長時期中擴大並深化「文藝復興」的運動。胡適在同一文章中又特別提出了「輸入學理」和「整理國故」兩大具體計畫，成為以下幾十年學術界的努力目標，使「評判的態度」得到了發揮的場所。根據我的觀察，「五四」以後的中國知識人已自動走上了這一道路。例如錢穆先生回憶抗戰前夕的北平學術界，便列舉了一、二十位人文和社會科學家，並肯定地說：他們都各自潛修，已取得了可敬的成就；如果不是戰爭的關係，中國已形成的新學術規模一定會不斷擴展下去。（見錢穆《師友雜憶》）錢說可以印證胡適所謂「文藝復興運動一直在擴大中。」由此可見，「五四」以來，中國現代的新學術和新思想已形成一種風氣，不能片面歸之於胡適個人的影響。

以上我特別挑出「五四」運動史上三個重要方面，略作介紹。這是因為這三方面到今天為止還比較未受到研究者的充分注意。從上面的簡介中，我們至少可以看到「五四」作為一個新文化或新思潮的大運動，不但具有多層次的結構，而且其內涵更是異常豐富而複雜的。在這次訪談中，我當然不能詳論這三個方面，但我儘量希望就你所提出的問題中，把討論和分析與上述三方面作一種有機的聯繫。

唐：謝謝余先生精要地提煉了「五四」新文化運動這三個基本面向，涉及的都是

「五四」歷史認知中最重要的幾個方面，現在看來不能簡單地將「五四」這一代人等同於全盤反傳統的一代人，中國的文化傳統正如寫作《中國的自由傳統》的美國學者狄百瑞（Wm. Theodore de Bary）所指出的那樣，也有與民主、自由等普世價值可以銜接的部分。此外，「五四」新文化運動在當時中國的影響就空間而言是有限的，我們做歷史研究的學人不能誇大其作用。但從歷史的長時段來看，「五四」的歷史意義和影響卻又存在一個層累地疊加和擴展的過程，可以說在歷史與闡釋之間，在理論與行動之間，「五四」成為現代中國啟蒙歷史中最具有生命力的思想價值資源。

我記得殷海光先生同林毓生先生在半個世紀前的通信中，就如何認識「五四」這一代知識人提出了一個很有意義的問題，當時林先生在芝加哥大學讀博士，殷海光先生在台大哲學系任教，他們經常通信。我讀他們的書信錄，特別為他們「求知的熱忱」和「求真的勇氣」所感動，裡面有一段話是殷先生講到「五四」新文化運動，他認為：

> 五四人的意識深處，並非近代西方意義“to be free”（求自由），而是

"to be liberated"（求解放）。這二者雖有關聯，但究竟不是一回事。他們所急的，是從傳統解放，從舊制度解放，從舊思想解放，從舊的風俗習慣解放，從舊的文學解放。於是，大家一股子勁反權威、反傳統、反偶像、反舊道德。在這樣的氣流之中，有多少人能做精深謹嚴的學術思想工作？新人物反舊，舊人物也反新。互相激蕩，意氣飛揚。防禦是尚，於是形成兩極，彼此愈來愈難作理性的交通。一九一一年以後的中國就沒有日本那樣的穩定的社會中心，以及深厚的中間力量。加以左右的政治分化和激蕩，更是不可收拾，正在此時，日本從中橫掃，遂至整個土崩瓦解。

我對殷先生指出的這一點特別好奇，想請余先生來談談，您對殷海光先生的這一看法是怎麼理解的，因為他也是受「五四」新文化運動影響的這一代人的代表。

余：殷海光先生推斷「五四」人的意識深處並非追求西方近代所謂「自由」，而是追求「解放」，即從中國舊傳統中解放出來。由此出發，「五四」以後的思潮便流為「反傳統」，與維護傳統的保守人士形成勢不兩立的敵峙，互相攻擊，以致未能建立起一個穩定的中間力量。

我沒有注意過殷先生這個問題，不過在我的認識中，「求自由」（to be free）和「求解放」（to be liberated）其實是一體的兩面：從束縛中「解放」即是「自由」；「自由」了便不再受束縛。所以「解放」是消極地說，「自由」是積極地說。西方人也往往從「解放」的角度解釋「自由」的涵義。如穆勒（John Stuart Mill，一八〇六—一八七三）的名著*On Liberty*（嚴復譯作《群己權界論》）便指出：個人爭「自由」在歷史上是從貴族統治和君主專制中「解放」出來，在現代民主體制下則必須擺脫群體媚俗的限制。所以我認為殷先生把「自由」和「解放」之間的區別過分誇大了。據我所見，「五四」的知識人在要求從傳統中「解放」出來的同時便已涵有追求一種「自由」的現代人生的意識，並不僅僅是為了推翻舊傳統而已，而且這一基本態度早在清末便已呈現。譚嗣同（一八六五—一八九八）和他的《仁學》便是一個最明顯的例證。《仁學》的主旨是要破除「名教綱常」，也就是他最著名的「衝決網羅」。但另一方面，他也同樣強調：破舊是為了立新，即建立一個「仁」的新秩序；在這一新秩序中，人倫關係不再是專重上下之分的傳統「五倫」，而是以「自由」和「平等」為主導原則，因此他特別提出傳統「五倫」所未曾包括的「朋友」關係。他的新秩序顯然是受到西方模式的啟示。在這一點上，他可說是「五四」的先導。同時晚清以來個人自由的意識也開始萌芽和發展，所以「個人之自主」這一概念屢見於譚嗣同、章炳麟、陳獨秀等人的文字中。關於這一問題，我早已在別處討論過了，這裡不再重複。以上的史實可以看作是「五四」的源頭。

唐：那麼在余先生看來，「五四」這一代人追求的自由究竟是一種怎樣性質的自由觀呢？有些人認為「五四」人只是在追求從傳統網羅中衝決出來的「消極自由」，比如結婚、戀愛、讀書等不受父母干涉，胡適在一篇演講〈美國的婦女〉中，對留學生濫用這種自由拋棄舊式婚約就有很尖銳的批評。有些學者則認為「五四」這一代人追尋的是現代的政治自由，比如認為蔡元培改革後的北大成為新政治文化的中心等。還有些學者認為「五四」最重要的是開啟了現代中國學術體系的建構過程，讓融合了西學方法的學術研究從傳統的框架裡脫穎而出。

余：關於「五四」時代知識人所關懷的「自由」究竟屬於什麼性質的問題，我的看法大致如下：首先，我不認為他們偏向精神、文化的抽象方面，而是和當時中國人的實際生活密切聯繫在一起的。用你提出的「生活的自由」和「政治的自由」兩個觀念來說，他們都同樣強烈地關懷著。你所說的「生活自由」指個人生活而言，包括戀愛、結婚等在內。這正是很多「五四」人的切身問題，因為當時婚姻仍在家族支配之下，個人並不能自主。不但如此，「五四」人痛責「禮教吃人」則是由於當時社會上還流行著鼓勵「貞女」、「烈女」的風氣，並且在法律上頒布了《褒揚條例》。這在現代思想中是絕對無法接受的。至於「政治自由」，我們只要回顧一下狹義「五四」即一九一九年五月四日北京學生的抗議示威活動，便完全清楚了。那一天之前，軍閥政府準備簽訂凡爾賽和約，將德國在山東的權益轉讓給日本，消息傳出，以北大為首的愛國學生便組織起來，在天安門大集會並發表宣言。這是「政治自由」的最強烈的表現。現代中國的學生干政也是從這一天開始的。

但是這裡我還要特別指出：「學術思想的自由」更是「五四」知識人所看重的價值。胡適《中國哲學史大綱》上冊出版（一九一九）後立即受到整個知識界的熱烈反應，並發生了重大的影響，其中一個主要的原因便是打破了漢代以來，儒家定於一尊而其他先秦諸子則受到「罷黜」的待遇。胡氏把儒家和諸子看作有同樣價值的學術思想，在當時是一大突破。所以蔡元培在《中國哲學史大綱》〈序〉中特別稱讚為「平等的眼光」。所以「五四」以來，學術思想自由在知識文化界已取得普遍的認可。不但對於中國舊有的學術流派如此，對於一切從近代西方輸入中國的「學理」也必須採取同樣的態度。這些外來的新說只能以參考資料的地位在中國思想界流傳，其中任何一家都不能被看作「天經地義」的真理而定於一尊。胡適論〈問題與主義〉（一九一九）以及「輸入學理」（一九一九）便清晰地表達了這一信念，當時多數知識人是同情他的觀點的，包括早年毛澤東在內。

唐：余先生，您曾經在三十年前一篇紀念「五四」七十年的文章〈我所承受的「五四」遺產〉裡談到「五四」新文化對您的影響：「現在回想起來，大概梁啟超給我的影響最深，胡適次之，魯迅幾乎沒有發生任何刺激。這大概是因為我所生活的社會已和五四前後大不相同。魯迅所譴責的『正人君子』以及其他具體對象對我而言是完全陌生的，無法引起我的共鳴。梁啟超和胡適的影響主要也限於中國學術傳統方面。」您覺得「五四」這一代知識人，在哪些方面對於晚清這一代的啟蒙思想有所推進？

余：你根據我寫的一篇談「五四」的文字，追問我「五四」一代知識人在哪些方面推進了晚清的啟蒙思想。這個問題很大，非一言可盡，這裡只能略說大要。

首先我必須強調，「五四」新文化（或「新思潮」）是中國現代思想史上一場開天闢地的大運動，奠定了一百年來中國心靈發展的基礎。對比之下，晚清的啟蒙思維則仍在傳統格局的籠罩之中。後者對前者雖有一點鋪路作用，但二者的歷史意義是完全無法相提並論的。若再進一步觀察，晚清的啟蒙思維大致可以概括為「中學為體，西學為用」這一著名的公式之中。一八六一年馮桂芬在〈采西學議〉一文中（見《校邠廬抗議》）說：「以中國倫常名教為原本，輔以諸國富強之術。」這是「中學為體，西學為用」的最早提法，其中「諸國富強之術」則指西方的科技而言。清末張之洞寫《勸學篇》（一八九八）改稱「舊學為體，新學為用」，但因上距馮桂芬已近四十年，內容已頗有改動。《勸學篇》中的舊學指「《四書》、《五經》、中國史事、政書、地圖」而言；「新學」則指「西政、西藝、西史」，內涵已超過以前的科學技術（即所謂「西藝」）。不但如此，張氏還特別強調：「西學亦有別，西藝非要，西政為要。」這是因為當時處於戊戌政變的時期，多數士大夫都以為「君主立憲」之類的政體改革是中國救亡的最重要途徑。張之洞雖然擴大了「西學」的範圍，要求中國在政治體制上也向西方學習，並且把科技降為次要的地位，但他顯然仍繼承了馮桂芬「以中國倫常名教為原本」的大綱領，這可以從他的「舊學」內涵（「《四書》、《五經》」）看得非常清楚。譚嗣同「衝決網羅」畢竟是一個特殊的例外，遠遠超出了他的時代。所以我們可以斷言，清末的啟蒙思想始終沒有跳出「中學為體，西學為用」的格局。明白了這一點，我們才真正懂得為什麼「五四」在學術思想的領域具有「開天闢地」的歷史意義：「五四」一方面結束了晚清「中體西用」的舊格局，另一方面又開創了以近代西方為模式而徹底改造中國的新思潮。所以「五四」是取代而不僅僅是「推進」了晚清的啟蒙思維。

但這裡我還要進一步說明：為什麼這一「開天闢地」的大變動發生在「五四」時代，而不是晚清？我認為這和時勢與參與人之間的歧異都有關係。以時勢來說，晚清處於王朝傳統的末期，雖在內外危機交迫下不得不尋求變革，但還是要將變革限制在傳統體制之內。「五四」則已進入民國時期，意識上不再受傳統體制的束縛，開創一個全新的現代中國的要求適在此時興起，可以說是一個非常自然的發展。再就參與晚清啟蒙和「五四」兩個運動的人物而言，其差別更為顯著：晚清提倡「西學」（或「新學」）的都是傳統的士和士大夫。所謂「士」，是指科舉制度下的讀書人；他們考試成功後立即可以進入權力世界，即所謂「學而優則仕」。入仕之後，便成為「士大夫」了。可知晚清的「士」應屬於統治階層的後備隊。而「士大夫」更是統治階層的正式成員了。對照之下，「五四」的推動者已不是傳統的「士」，而是現代的知識分子（intellectual，我改稱為「知識人」）了。大關鍵不僅在於他們已進入民國，而更在於一九〇五年科舉制度廢除以後，他們與權力世界之間不再存在著任何內在的關聯了。同時由於他們對西方文化的認識遠遠超過了晚清之士，終於探驪得珠，正式提出了「賽先生」（科學）和「德先生」（民主）為新文化運動的兩大宗旨。這是晚清宣導「西學」之士所望塵莫及的。梁啟超後來在《清代學術概論》中對這一點有很生動的反思：

晚清西洋思想之運動，最大不幸者一事焉，蓋西洋留學生殆全體未嘗參加於此運動；運動之原動力及其中堅，乃在不通西洋語言文字之人。坐此為能力所限，而稗販、破碎、籠統、膚淺、錯誤諸弊，皆不能免；故運動歷二十年，卒不能得一健實之基礎。旋起旋落，為社會所輕。

總而言之，「五四」是中國現代知識人第一次發動的文化運動；他們不但擺脫了中國傳統的種種限制，而且對近代西方文化也取得了前所未有的認識。它不是晚清啟蒙的延續，而是別開生面。

唐：我們今天一提起「五四」新文化運動，就會提及當時的兩大口號「民主」和「科學」，但一百年過去了，中國並沒有真正實現民主化，中國人習慣於呼喚強人政治或者聖人明君的出現，而欠缺一種自由而平等的公共政治文化，而科學的意識與文化似乎也沒有在中國真正紮根，山寨產品和低端產品多，中國科技的原創能力仍舊比較薄弱。您覺得「五四」這代人宣導的「民主」與「科學」與晚清士大夫的理解有什麼差異呢？

余：關於「賽先生」（科學）和「德先生」（民主）在「五四」時期的特殊重要

性，我也願意極簡單地說幾句話。這兩個概念當然早在晚清已傳入中國。先說「民主」。我記得最先用這一詞彙的似是王韜（一八二八—一八九七）。他在一八七〇年訪問英國回到香港以後，對英國的法律和政治十分欣賞，認為中國經典中所描述的「三代之治」大致也就是如此。他的「民主」一詞既是指英國的情況，也暗示中國遠古已與之相去不遠。後來康有為也說中國「三代之治」可以當得起「民主」的稱號。我相信他曾受過王韜的影響，不過很難找到直接的證據。但是，「五四」宣導者對西方民主才有比較全面而深入的認識。他們用「民主」的最廣闊的涵義。所以「民主」是指整體的政治、法律、社會秩序，自由、人權、公平等等無不包涵在其中。這和王韜、康有為等人的概括式的印象不可同日而語了。

其次再說「科學」。上面早已講過，晚清的「西學為用」原來便指科學技術而言。後來「西學」雖然一度擴大到「西藝」加上「西政」，但一般士和士大夫對於科技的重視仍是有增無減。不過我們在這裡也清楚地看到：科學及其技術只有工具作用：中國必須發展科學（及隨之而來的技術）才能製造出「船堅炮利」，以對抗西方的侵略。當時人稱此為「師夷之長技以制夷」。但在「五四」時代，「科學」的涵義已不限於「用」的一面，而上升到「求真理」的境界了。胡適討論以「科學方法」研究「國故學」便鄭重告訴毛子水，必須先拋開「功利觀念」，只存一個「為真理而真理」的態度，因為「學問是平等的，發明一個字的古義，與發現一顆恒星，都是一大功績。」（見〈論國故學：答毛子水〉，《胡適文存》卷二）這是近代西方科學革命以來的「為知識而知識」（knowledge for its own sake）的新精神。胡適認為清代考證學家也體現了這一精神，不過還沒有達到充分自覺的地步。所以他強調清代考證學中已出現了初步的「科學方法」足以接引西方的科學。「五四」這一新觀點對我個人的影響很大。

「科學」和「民主」是西方近代文化中兩大支柱，「五四」宣導者認識到兩者的核心地位，因而推之為新思潮的主要綱領。這是晚清啟蒙者所無法想像的。

唐：余先生，回顧「五四」百年甚至一八四〇年代以降的近代中國歷史的新陳代謝，民族主義始終是中國歷史變遷的主旋律，而「五四」的啟蒙理想總是在某些歷史時刻被邊緣化，李澤厚先生將之概括為「救亡壓倒啟蒙」。如果仔細爬梳中國式民族主義的基本特徵與內涵，就會發現中國的民族主義其實更多的是在反思批評自身的民族文化傳統：這個民族主義好像是一種自我掏空的民族主義。近代中國民族主義的主流是反傳統的精神趨向。從其他國家的民族主義發展歷史來看，民族主義的思想文化價值資源，尤其是精神資源和價值動力往往是從自身民族傳統發掘出來的。中國的民族主義的主流卻與此相反。比如您有個比喻對我特別有啟發，您在〈文藝復興乎？啟蒙運動乎？——一個史學家對「五四」運動的反思〉曾指出：

如果我們把「啟蒙」的概念當作一個隱喻，而不用之於比附，我們可以說，「五四」在一個最基本意義上與歐洲的啟蒙運動截然不同。啟蒙運動的哲士在抨擊基督教、經院哲學與「黑暗」中古時，他們是用古希臘和羅馬經典來武裝自己的。換句話說，他們接受了西方內在之光的引導。相形之下，為了見到白晝的光明，「五四」知識分子必須走出黑暗的洞穴——中國，而引導他們的光照則來自外部——西方。或者，借用毛澤東的名言，「十九世紀以來」，中國一直「向西方尋找真理」。

余：現在讓我們進一步檢討民族激情（或民族主義）在「五四」運動中所發揮的作用。這裡只能化繁為簡，略及一二。你說現代中國民族主義是以反思和批評自己民族的文化傳統為主要傾向，可以用「反傳統」的概念來形容它。因此你感覺這像是「一種自我掏空的民族主義」。我完全了解你的感受，但問題並不如此簡單。我推測：你之所以有此感受是和你在大陸成長的思想狀態有關。一九四九年以後的大陸意識型態是全面反傳統的，因為根據史達林的歷史五階段論，中國傳統是「封建」遺毒，必須全部破棄，讓位於「社會主義」新事物。這一反傳統的態度發展到十年文革更是登峰造極。文革時期流行的概念是「破字當頭」、「破舊立新」、「不破不立」、「興無滅資」之類。其中「破舊」指摧毀中國舊傳統，「滅資」則指晚清至五四所引進的西學和新思潮（即所謂「資產階級文化」）。「立新」和「興無」當然是指所謂「無產階級新文化」。依照這一「不破不立」的邏輯，只有在傳統徹底破滅之後，中國才能在世界上重新站起來。中共政權是靠民族主義的力量奪取的（最關鍵的即是西安事變），但執政以後則以毀滅民族文化傳統為它的主要任務之一。這便是你所說的「掏空的民族主義」。這一反傳統的趨向直到最近才開始有所轉變，這是因為馬列主義作為意識型態已完全破產的緣故。

但反觀從「五四」到一九四九這三十年的歷史，我們決不能說「近代中國民族主義的主流是反傳統的精神趨向」。一九二〇年代孫中山講三民主義中的民族主義一講，便特別尊崇中國傳統。一九三〇年代有「全盤西化」和「本位文化」之激烈爭辯，其中「全盤西化」一詞雖帶有嚴重語病，然而這一派人只是主張積極吸收西方近代文化中的優點，以更新中國固有的文化，並不認為必須把中國傳統掃除得乾乾淨淨，然後進行「西化」。胡適當時對中國固有文化中的許多明顯的缺點（如八股文、小腳、貞節牌坊……之類）加以猛烈的攻擊，但這並不表示他全面否定了傳統文化。而且由於他覺悟到「全盤西化」是一個最容易引起誤解的名詞，於是決定用「充分世界化」（或「一心一意現代化」）來代替它。下面幾句話可以代表胡適對於西化和中國傳統的最後定論：

讓那個世界文化充分和我們的老文化自由接觸，自由切磋琢磨，借它的朝氣銳氣來打掉一點我們的老文化的惰性和暮氣，將來文化大變動的結晶品，當然是一個中國本位文化，那是毫無可疑的。（見〈試評所謂「中國本位文化建設」〉，收在《胡適論學近著》中）。

體會上面的話，我們可以說胡適希望用西方現代文化來改進中國「固有文化」；在這一大原則下，他批評了傳統的某些負面成分，然而他並沒有不分青紅皂白地「反傳統」。一九六〇年他在美國的英文講演〈中國傳統與未來〉更證實了這一立場。另一方面，本位文化論者對於西方文化也採取了「取長補短，擇善而從」的態度，而不是一概排斥。由此可見當時兩派之爭主要在各有偏向而已。一九四九年以後台灣也發生過中西文化的熱烈爭論：西化派是以《自由中國》半月刊為論壇的自由主義者，中國文化派則是以《民主評論》為論壇的新儒家。今天作事後的評估，我覺得兩派之間的差異大體上仍延續了一九三〇年代「全盤西化派」和「本位文化派」的爭執。自由主義者之中也有批斥中國傳統的人，但遠遠沒有達到同時大陸上「反傳統」的高度。殷海光是其中最敵視傳統文化的論者，這是因為與民主自由背道而馳的國民黨，竟以上承儒家的「道統」自居。但是殷海光晚年受到徐復觀、張灝等人的影響，對「道統」儒家（按：即「體制化儒學」，Institutional Confucianism）和思想史上的儒家分別看待。因此他也不能算是一個「反傳統」論者。

以上的概述可以說明，民族主義確是「五四」背後的主要動力。「五四」宣導者因為受到民族激情推動，認定西方文化中的科學和民主是「救亡」的唯一正途。但在追求西化的長遠過程中，他們發現批評中國傳統文化的缺點是不可避免的一個階段。這種批評表面上好像傷害了民族尊嚴，事實上卻恰恰相反，這完全合乎中國人的道德原則，即「責人必先責己」。不過批評一旦展開，便難免出現過於激進的言論。例如魯迅在一九二五年關於「青年必讀書」的一句名言：「我以為要少——或者竟不——看中國書，多看外國書。」而且更進一步解釋說：「我看中國書時，總覺得就沉靜下去，與人生離開；讀外國書——但除了印度——時，往往就與人生接觸，想做點事。」（見《華蓋集》）這一觀點當時便激起十分強烈的爭議。其實這不是中國獨有的情況，日本在現代化的過程中，面對西方文化的挑戰，也曾先有「脫亞入歐」的運動，而後又引起宣導「國粹」的爭議。（中國人的「國粹」一詞便借自日本。）「脫亞入歐」相當於「全盤西化」；「國粹」則中國可謂「本位文化」。對照著看，有趣得很。

唐：我原來讀到過胡適的一段記憶，他說自己五四新文化運動的時候在北大教書，那個時候在北大旁聽的學生大多是知識青年、學術青年和文學青年。而到了一九三〇年代很多就是革命青年了，就是那種追求革命，比較激進和傾心於學生運動的左翼青年。我記得余先生也談及過胡適在青年心目中的形象的變遷：

抗戰勝利以後，中國知識界最流行的雜誌大概是儲安平所創辦的《觀察》，此外還有比較偏右的《獨立時論》等。但當時五四的潮流已轉入馬克思主義一途了。胡適早已被暗中「鬥垮、鬥臭」，不但不再是五四的象徵，而且是「反動」、「反革命」的代表人物了。他在青年群眾，特別是在北大、清華學生們的心中，早已成為一個「反面教員」了。但是左派的猛烈攻擊並沒有對我的思想發生什麼重要的影響。他的「自由主義」還是比較能博得我的同情的。

我想向余先生請教的一個問題就是，為什麼從一九二〇、一九三〇年代開始，絕大多數追求進步的青年會被左翼的、革命的文化帶走呢？為什麼「青年領袖」胡適對年輕人的影響力隨著時代變遷急劇下降了呢？

余：民族激情是「五四」運動的真實動力，這是毫無可疑的。由運動而激起的兩大主要流派，無論是傾向西化還是傾向本位文化，都同樣為民族主義（或「愛國情感」）所驅使，這也是無可爭議的。如果要問兩派之間的分歧究竟在什麼地方？我只能說，這是出於心理上的不同：西化派抱著一種「恨鐵不成鋼」的心理，而本位派則完全為民族自尊的心理所籠罩。但是民族主義在一九二〇年代中葉所引導出來一些新動態，卻對「五四」新文化的進程發生了嚴重的影響。

這裡首先要討論一下你提出的一個問題：為什麼「五四」後期，「絕大多數的青年會被左翼的、革命的文化帶走呢？」我認為主要的動力還是民族激情，因為一九二〇年代初青年知識人特別感到帝國主義——尤其是英國和日本——在中國橫行霸道，大有用武力侵占中國土地的可能，因而「救亡」的情緒普遍高漲。另一方面，不但陳獨秀等已在蘇聯支持下成立了中國共產黨（一九二一），而孫中山也決定和蘇聯合作，依照布爾什維克的方式改組了國民黨（一九二四），準備發動武力革命。在這一「革命」的大氛圍中，最激進的馬克思主義自然成為最有吸引力的思潮。以郭沫若為例。他在一九二五年自傳體小說《湖心亭》中說：「要解救中國，要解救中國人，除非一次徹底的兵火！不把一切醜惡的垃圾燒盡，圓了寂的鳳凰不能再生。」於是他選擇了馬克思主義，因為這是唯一能完成這一任務的道路。（見陳闖，〈青年郭沫若的煩悶〉，《讀書》，二〇一八年十一月號）再看一個較晚的例子。舒蕪（本名方管，一九二二—二〇〇九）在一九九五年回憶他接受馬克思主義的動機時說：

我接觸並選擇了馬克思主義，是在抗日戰爭初期。（中略）我一接觸馬克思主義，首先覺得它最能說明抗日救亡的種種現實迫切問題；其次覺得它比三民主義，比孔孟的治國平天下，更能科學地說明救國救民平治天下之道；其三，覺得它與民主、科學、自由、個性解放等等完全相合，而且是最徹底的科學、民主、自由、個性解放。於是我一下子就相

信了它。（見舒蕪，〈與友人的信箚（二通）〉），《萬象》，二〇一一年第九期）

這個例子清楚地告訴我們：「救亡」才是馬克思主義能夠廣泛傳播的原動力。但舒蕪的第三點特別值得重視。它透露出：中共地下黨員在傳布馬克思主義的過程中，最先是將它改裝成一套以「科學、民主、自由、個性解放」為宗旨的理論系統。抗戰初期（約當一九三七或一九三八年國共已第二度「合作」）因而為共產黨及其同路人在學校中宣傳馬克思、列寧的思想提供了大好的機會。他們不但利用了年輕學生的「抗日救亡」的激情，而且還大行騙術，把馬克思主義說成是「五四」新文化的最後歸宿：「最徹底的科學、民主、自由、個性解放」。毛澤東的《新民主主義論》恰在同一時期寫成，決不是偶然的。

我想以上兩例子可以答覆你關於「五四」以後「為什麼絕大多數青年會被左翼的、革命的文化帶走」的疑問。

到此為止，救亡激情所引出的「革命」要求和「五四」的終極目標——

科學與民主——仍然是並行不悖的。因為根據當時流行的看法，革命是為了取得民族的獨立與自決，只有先做到了這一步，中國才能全面展開科學與民主的創建。所以國民黨的改組提出了「軍政」、「訓政」和「憲政」三大階段，而共產黨也以「新民主」為號召，並保證革命完成之後的新秩序是一個「最徹底的科學、民主、自由、個性解放」。但是在革命的實踐過程中，新的情況出現了：領導革命的國民黨和共產黨，由於同建立在布爾什維克的模式之上，都在初步取得政權之際，立即採取蘇聯一黨專政的體制。「一黨專政」不僅要求一切權力集中在執政黨的手上，而且還將一黨的思想和信仰樹立為「定於一尊」的意識型態，不容許任何其他思想與之競爭。因此在北伐剛剛完成之後，國民黨元老胡漢民便在一九二七年六月公開宣布「黨外無黨，黨內無派」的大綱領，並且進一步強調：「三民主義之外無主義」。（見胡漢民在同年《民國日報》上刊出的兩封信，剪報收在《胡適日記》一九二七年六月十一日條。）

共產黨是布爾什維克的嫡傳，它的一黨專政當然遠比國民黨為徹底。抗戰後期，中共事實上已在國民政府之外成立了第二政權，所控制的地區和人口已相當龐大。因此一股最強烈的「專政」要求便在中共政權內部爆發，這便是一九四二年延安的「整風」。關於「整風」的殘酷，早由高華（已故）的《紅太陽是怎樣升起的》那部名著揭示了出來，這裡從略。一言以蔽之，「整風」要求從言論到行動都必須徹底地整齊劃一。這就是說，任何與「黨中央」分歧的言行都不允許出現，而持有這類言行的人，無論在黨內或黨外，若不能改正，則立即面臨「被邊緣化」的命運。不用說，所謂「黨中央」便是當時的「最高領袖」。一黨專政發展到如此的高度，它已處於與「五四」綱領完全相反的境地，便再也無法掩飾了。關於這一點，我願意再引舒蕪信中的一段話為證：

延安文藝整風的情況，斷斷續續地傳到了國統區，事實上引起了國統區左翼內部的很大震動。（中略）原來以為馬克思主義與民主、科學、自由、個性解放等等完全相合，前者比後者更徹底，現在似乎不是這樣了，似乎民主、科學、自由、個性解放等等，正是需要根本改造掉的東西了。

唐：余先生您有一篇文章講到「五四」對您的影響，提及：

現在回想起來，「五四」對我的影響大概以「求知」這一點為最深。但「求知」並不排斥「道德」，因為推動「求知」的仍是一種巨大的道德力量。我很同情「改造中國」的理想，但我始終相信「改造」必須以可靠的「知識」為起點。「求知」的精神在「五四」運動中其實並不占主流的地位，不過對我而言，這是最主要的影響。

後來很多知識青年為了抗日救亡和改造中國，就早早離開了學校，比如參加一二九學生運動的那一代人，很多人就沒有在學校繼續學業，投身到抗日救亡愛國運動，所謂「華北已經放不下一張安靜的書桌」。而且根據事後一些院士和科學家的回憶來看，那一代參加學運的青年並非是成績不好不求上進而去投身學生運動，相反，相當一部分是學業成績很優秀的知識青年。歷史就是如此反諷，也充滿了悲劇性。我記得您以前也曾在一篇論文中提及，現代中國的學術研究和創造總是被意識型態或深或淺地影響。從長遠的歷史變遷來看，真正的知識創造是很重要的，從這個角度來說，是不是從「五四」運動以後，中國就進入了一個意識型態的時代？

余：上面的討論大體上環繞著你所提出的另一重要問題：「是不是從五四運動以後，中國就進入了一個意識型態的時代？」我的分析是想提出，意識型態再一次在中國定於一尊，其中有一個歷史過程。「五四」新思潮是從推翻傳統王朝的意識型態開始的，所以陳獨秀承認《新青年》為了擁護德先生和賽先生，不得不反對「孔教、禮法……」等等。（見一九一九年一月所寫〈新青年罪案之答辯書〉一文。）但後來在「救亡」激情中走上了布爾什維克革命的途徑，他所創建的黨終於在專政的基礎上將馬克思主義送上意識型態的寶座。

（原載《思想》第三十七期，二〇一九年四月）

試釋「五四」新文化運動的歷史作用

緣起

今年（二〇一九）恰逢「五四」運動一百週歲，是一個非常難得的紀念之年。我們都知道，「五四」運動有狹義和廣義的兩種理解：狹義指一九一九年五月四日北京的學生運動；廣義則指一場新思想的運動，當時稱之為「新思潮」或「新文化」。它必須上溯到一九一七年的新文學運動（白話取代了文言）和《新青年》雜誌所倡導的「賽先生」（科學）和「德先生」（民主）。所以狹義的「五四」其實祇是「新思潮」或「新文化」的一種行動表現，因而必須包括在廣義「五四」之內。我在本文和〈訪談錄〉中所說的「五四」都指廣義而言。這一點必須先交代清楚，以免引起不必要的誤會。

「五四」新文化是我一向重視的一件歷史大事，曾先後多次為文討論。這次百年紀念更激起我對於「五四」的種種反思，其中一部分已見於我和唐小兵教授的訪談錄中。但訪談結束後，我感覺還有不少重要的想法當時沒有機會說出來。（因為訪談只進行了一小時。）現在我想將其中一些想法組織起來，對「五四」在現代中國的歷史作用，做一次客觀的整體論斷。

根據我所了解的情況，目前大陸上很多人，包括新左派、新儒家，甚至自由主義者，都對「五四」採取了批評甚至否定的態度，這確是一個值得重視的現象。我在海外也讀過一些介紹大陸思想動向的文字。如我的朋友葛兆光在《思想》上發表的有關「天下想像」和新儒家「政治訴求」的文章，以及最近梁治平先生評介各種「天下」論述的長文。（《思想》第三十六號，二〇一八年十二月）我所得到的印象完全可以印證一些大陸來訪者述及的親身觀察。其中新左派和新儒家對「五四」的指控，說來說去無非是：民主、科學之類的價值來自西方，不但不合乎中國的需要，而且還破壞了中國的本土文化。這是一百年來反「五四」者的老生常談，毫無新意。但是我進一步檢查了他們所提出的各種不同的取代「五四」的方案，發現其中有一個共同傾向，即強調中國自遠古以來便形成了一個獨特的「天下」型文明；這個文明雖一度為西方的侵略而受到嚴重毀壞，但在中國「崛起」的今天，必將以全新的方式重建起來。這一傾向使我深信：這些「天下」方案，雖然彼此之間存在著某些分歧，都是在為中共尋找一個新的意識型態，以說明其政權的「合法性」（legitimacy）。

毛澤東死後，文化大革命告終，馬列主義的意識型態事實上已完全破產。在鄧小平主持的「改革開放」時代，黨內黨外許多人都有回到「五四」民主路向的期待。一九七八年北京「民主牆」的出現便充分折射出當時一般人民的思想趨向。「民主牆」的作者主要是體制外的知識青年，他們在大字報中批判一黨專政並強烈要求民主，都是緊接著大批文革受害者的冤情陳訴而提出的，可見他們是「為民請命」，而不僅僅是表達了個人的政治思想。「民主牆」的衝擊力在當時是巨大的，引起各國記者的注視和報導，甚至鄧小平在未奪回領導權之前，也對日本、美國、法國的訪問團公開表示：人民用大字報表達不滿的權利是應當尊重的。（按：鄧取得領導權是在一九七八年十二月底十一屆三中全會上定案的。）所以「民主牆」通過對毛時代意識型態的否定，而動搖了中共政權的合法性。為了挽救這一危機，一九七九年一月到三月，中共在北京召開了一個「理論工作務虛會」，由即將任總書記的胡耀邦主持，其目的便在重建一套意識型態，為鄧小平改革路線提供正當性。會議的最後成果是確立了「實踐是檢驗真理的唯一標準」為意識型態的新正統；一望可知，這正是鄧小平「白貓黑貓論」的理論化妝。這個新意識型態在「務虛會」之後雖受到廣泛的傳播，但黨內黨外的批評也層出不窮，更由於它過於抽象，完全未能展現黨的最新動向，最後只有不了了之。從一九七九到一九八九的十年之間，不斷有人向黨提出新的建議，其中最著名的是借自美國政治學者杭廷頓（Samuel P. Huntington）的「新權威主義」（new authoritarianism）。這裡有一個不但有趣而且反映當時政治形勢的故事：一九八九年初，天安門民主運動即將爆發的瞬間，趙紫陽在和鄧小平的一次對話中，提到正在流行中的「新權威主義」。趙告訴鄧，中國的「新權威主義」認為，「為了推動改革開放，必須掃除障礙，保持穩定，必要時不惜採取鐵腕手段……」話猶未畢，鄧便迫不及待地說：「我就是這個主張！」（見吳稼祥《頭對著牆——大國的民主化》，台北：聯經，二〇〇〇，我在此書〈序〉中特別討論了這一對話。）「新權威主義」一度成為聚談最盛的論題，正是因為它差一點便成為新的意識型態。但當時多數知識人，特別是北京大學的師生們，正在發起「五四」七十週年紀念大會，以展開民主運動。「新權威主義」在這樣的思想氛圍中所得到的，是抨擊遠多於認同，否定遠多於肯定。所以在「六四」屠殺之後，鄧小平在萬般無奈之中，只能提出「不問姓『社』姓『資』的要求」，用避而不談的方式暫時和緩一下意識型態的危機。

上面關於鄧小平時代意識型態的回溯和前述「天下」方案的興起密相關聯。我們首先必須理解二者之間的關聯，然後才能進一步認識「五四」新文化在改革開放以來的歷史處境。概括地說，鄧小平在復出奪權和掌權的過程中（大致是從一九七七到一九八九），一直想重建一套新意識型態以發揮雙重作用：第一、取代華國鋒所繼承的毛澤東路線，這是奪權的先決條件；第二、為他的「改革開放」的新路線提供理論根據，這是強化掌權的精神力量。上面已經指出，一九七九年「實踐是檢驗真理的唯一標準」便是這樣確立的。但是這一「實踐」主義雖然有效地摧毀了華的「凡是」主義（即「凡是毛主席贊成的我們都贊成；凡是毛主席反對的我們都反對。」），卻不足以支持愈來愈複雜的「改革開放」路線。後來新權威主義也曾得到鄧的擊節稱賞，然而官方始終沒有正式出面宣導過它，其地位還遠在「實踐」主義之下。可見一九八九年以前鄧在尋求新意識型態這件大事上沒有取得成功。而且我們更看到，一九八九年以後，他竟坦然採取了避而不談的消極態度。為什麼在改革開放時期，意識型態的重建問題竟如此困難？讓我從歷史角度稍作推測。

首先我要指出：這十幾年中，「改革開放」的政治要求為「五四」精神的回歸開闢了道路，「五四」時代所強調的普世價值，特別是民主、自由、人權、法治等觀念，頓時大行其道。一九七八年十月我訪問大陸，正值「思想解放」運動全面展開。當時一個最響亮的口號是「讀書無禁區」。這就表示，大批的知識人，無論在體制之內或之外，都要求在知識、思想、言論各方面取得自由和開放。我在北京和各地所接觸到的黨內人士，往往將「思想解放」和一九五〇年代中期的「百家爭鳴」、「百花齊放」相提並論；並且很有信心地說，這次的「放」決不會落到「陽謀」的下場。我在十一月回到美國之後，很快便有「民主牆」的崛起，遠遠超出「思想解放」的範疇了。「五四」精神在為下一段時期演出了一次波瀾壯闊的歷史悲劇，其事人所共知，不待贅說。

這裡我要特別指出的是：「五四」精神在現代中國是一股實實在在的歷史潛力。只要政治壓力稍鬆動，便會捲土重來。我們應該記得，一九五七年那個短暫的所謂「百家爭鳴」，便是由北京大學學生在五月四日發動起來的。這一天八千個學生開「五四」運動紀念會，十九個學生領袖發表激烈的演說，公開攻擊中共政權對民主自由的迫害。他們還編印了一個名之為《民眾接力棒》的期刊，寄給全國各級學校，呼籲全體學生為民主、自由、人權而奮鬥。（關於這一事件，參看胡適一九五七年九月二十六日在聯合國的講詞"Anti-communist Revolts in Chinese Mainland"，收在周質平主編，《胡適英文文存》，台北：遠流出版公司，一九九五，第三冊，頁一四九〇—一四九一）當時「黨天下」統治中國已八年之久，「知識分子思想改造」和「胡適批判」之類的運動，也已在全國範圍內深入而持續地進行了多年。我相信毛澤東不顧黨內反對，一心一意要搞「鳴放」，是他深信知識人基本上已被征服，不致導向亂局。（按：毛在二月二十七日很有信心地說：「匈牙利事件發生以後，在我國一部分知識分子有些動盪，但是沒有引起什麼風浪。這是什麼原因呢？必須說：原因之一就是我們相當徹底肅清了反革命。」見胡適上引文，頁一四九五）但他絕對沒有料到，「鳴放」的風聲剛剛傳出，「五四」精神便復活了。「陽謀」之說其實不過是事後造出的一片遮羞布而已。五四精神是客觀存在的歷史潛力，在此獲得清楚的印證。至於改革開放時期的民主運動，從「思想解放」、「民主牆」到天安門結局，都一直在「五四」精神的籠罩之下，更是無可爭辯的歷史事實。這裡唯一應該特別強調的一點是：當時知識人致力於「五四」精神的復活完全是自覺的，所以他們公開喊出了「回歸五四」或「重新啟蒙」的明確口號。（參看陳樂民（一九三〇—二〇〇八）在《啟蒙箚記》中追憶李慎之的文章，《萬象》，二〇〇八年第六期）

分析至此，我們才能進一步說明，為什麼改革開放時期不能發展出一個為「黨」所認同的意識型態。這是因為「五四」作為一個巨大的歷史動力，在共產黨內部造成了分裂。文革結束時，國民經濟已瀕臨崩潰邊緣，所以鄧小平的改革開放最初僅限於經濟領域。但在改革過程中，主持人（如胡耀邦和趙紫陽）都發現：經濟體制的改革無可避免地牽涉到政治體制；後者不改，前者便改不下去了。最後雖在黨內保守派強烈反對之下，鄧小平終於接受了改革政治體制的原則，並在一九八六年指定趙紫陽主持其事。第二年中共第十三次代表大會接受了趙的報告，政治改革才正式提上了議事日程。但內部的分歧也立即開始了。簡單地說，以胡、趙為首的改革派，由於其中往往有人和體制外的知識人互通聲息，傾向於參照西方體制以擴大改革的尺度，因而不免削弱了一黨專政的權力。另一方面，鄧小平雖號稱「改革總設計師」，但是他整體構想是通過經濟改革以強化「一黨專政」。自始至終他決無一絲一毫開放政權的意思。一九八六年十二月三十日，他在家中會見胡耀邦、趙紫陽、萬里等人，討論學潮與「反對資產階級自由化」的問題，同時也為「政治改革」定下了基調。例如他說：「我們講民主，不能搬用資產階級的民主，不能搞三權鼎立。」又說：「反對資產階級自由化至少還要搞二十年。民主只能逐步地發展，不能搬用西方的一套，要搬那一套，非亂不可。」這兩段話清楚地反映出，改革派受到當時「五四」精神的影響，正在把政治改革推向民主和法治的途徑。所以鄧才有此針鋒相對之論。一九八七年五月二十七日他讀了趙紫陽送去的政治報告初稿之後，又作了如下的評論：

我們不能照搬三權鼎立，你們也沒有寫要三權鼎立，但是不是也搬了一點三權鼎立呢？（中略）不能放棄專政，不能遷就要求民主化的情緒。（按：

以上資料都見於吳國光，《趙紫陽政治改革》，香港：太平洋世紀研究所，一九九七）

這裡鄧明明承認，當時中國存在著「要求民主化的情緒」，然而他悍然不顧，只強調「不能放棄專政」。我們當然都知道，「改革開放」時期的權力源頭是緊緊握在以鄧小平為首的元老派之手，其中包括陳雲、薄一波、李先念等人。他們無疑都接受改革必須不能違背「四項堅持」的原則，這是鄧在務虛會結束時正式提出的（一九七九年三月）。所以嚴格地說，「政治體制改革」根本便不曾開始，甚至在經濟領域中提出的改革如「黨政分開」也有名無實。因政改而引發的黨內分裂至六四屠殺而結束，「五四」精神在暴力面前退出了歷史舞台，「黨天下」也進入了一個全新的階段。在這一新形勢下，意識型態的重建問題再度出現了。

「六四」以後，鄧小平一度表示不談「姓社」、「姓資」的消極態度，但是中共的整體統治究竟屬於什麼性質，無論對國內或國際而言，都是一個無法迴避的問題。一九九二年江澤民在哈佛大學演講，喊出「實現中華民族的偉大復興」

的口號。這可以看作是中共官方最早將意識型態和中國文化傳統聯繫起來的一種表示。這一年正是鄧小平「南巡」，大力推動經濟開放的時期，可見他仍大權在握。江在意識型態上的新轉向必曾取得他的認可，這是絕無可疑的。從字面上說，這一口號好像是對於鄧所謂「中國特色的社會主義」提出的解讀。但其實不然。鄧所謂「中國特色」的本意原指中國的社會主義包涵了「讓一部分人先富起來」的市場經濟，與通常理解的「社會主義」大異其趣，然而這恰好是「中國特色」之所在。其中並沒有回歸中國文化傳統的意味。現在時移世異，中共官方（不是江個人）便在「中國特色」四個字上大做起新文章來了。這裡用「時移世異」一語是極其認真的。我必須進一步指出，為了推拓民主運動，「六四」以前的知識人，無論在體制內或體制外，都同時抱著一種批判中國傳統的意態。這是因為他們認為「黨天下」的局面是從中國傳統中逐漸演變出來的。當時震動海內外人心的電視紀錄片——《河殤》——便是明證。在這一強大思潮之下，中共不可能以傳統文化為號召。但「六四」之後情況完全改變了，「五四」精神已被徹底地鎮壓了下去。民主、法治、自由、人權等等普世價值都被視為是「西方的一套」，如果「搬到」中國來，便「非亂不可」。上面所引鄧小平的話，這時已成為唯一能公開露面的政治語言。這是中共在意識型態的層面回歸中國傳統最好時機，一方面運用民族主義激情以重建政權的正當性，另一方面則以釜底抽薪方式切斷民主在中國的生命線。當然，這裡說的「回歸中國傳統」指的僅僅是政治語言，實質的回歸不但不可能，而且中共也根本無此意願。所以從江澤民到習近平，儒家的政治語言愈來愈占上風，而馬克思主義的政治語言則已淪為附庸的地位。習在各種講演和談話中引用傳統經典，層出不窮，以至官方必須編一部《習近平用典》（北京：人民出版社，二〇一五）以供讀者查考。「與之相呼應，新編《四書五經語錄》一類古代經典選本也被大量刊行，擺上了千萬黨政幹部案頭。」（見上引梁治平，〈想像天下〉一文，頁一五九）《四書五經語錄》（北京：人民出版社，二〇一三）是由「中華文化促進會」主持編纂的，號稱「黨政幹部誦讀本」。這立即使我聯想到一九六〇年代國民黨在台灣「復興中華文化」的種種活動。蔣介石晚年對《大學》、《中庸》特別加以發揮而集成《科學的學庸》一書。國民黨又建立了「中華文化復興委員會」以推行這一運動，出版了《孔孟學報》和相關叢書（如陳立夫《四書道貫》之類）。國民黨的目標十分明確，即抗拒當時胡適、雷震、殷海光等以《自由中國》為基地的民主運動（見下文）。兩相對照，今天中共「促進中華文化」和國民黨在台灣「復興中華文化」，走的是同一道路，所採用的具體方式也如出一轍，不過先後相距已超過半個世紀了。

在本節開始前，我曾提到，今天大陸上新左派和新儒家提出了形形色色的「天下」論述，都以「中國獨特文明」為理據，徹底否定「五四」的歷史意義。現在我又進一步指出，這些論述基本上是為「黨天下」尋找一個新的意識型態。通過以上的歷史探索，我相信我的論斷已得到證實。事實上，梁治平先生提出「官方意識型態的天下主義與其他各種天下論說之間的關係」，便已將這個問題點破了。（見前引文，頁一六八）澄清了這一關鍵性的問題之後，我願意再回到一些大陸自由派知識人的憂慮：「五四」在今天是不是已經淪落到被普遍否定的境地？我不接受這樣悲觀的看法。上面已指出，「六四」以後「五四」精神退出了前台，不再公開露面，很少知識人的肯定論述能獲得表達的機會。相反地，否定「五四」則因受到鼓勵而無所不在。攻擊「五四」最力者來自「天下主義」的論客，他們不但人數眾多，而且望風而至者時有所見。但作為一個獨特的知識群體，他們其實只代表一種聲音。（詳見梁治平，上引文，頁一六六——一六七注二三六）因此我深信「五四」精神作為一股歷史潛力，它的存在仍是不容忽視的。我希望大陸的自由派知識人不必為最近在種種紀念會上聽到的負面評論而過分為「五四」擔心。最後讓我略述「五四」精神在國民黨政權下的發展，以加強我的論點。

北伐剛剛完成之後，國民黨元老胡漢民便在一九二七年六月公開宣布「黨外無黨，黨內無派」的大綱領，並且進一步強調：「三民主義之外無主義」。（見胡漢民在同年《民國日報》上刊出的兩封信，剪報收在《胡適日記》一九二七年六月十一日條）。但是在實際運作中，國民黨完全沒有力量推行胡漢民的構想。在大陸上執政二十二年間（一九二七—一九四九），它雖曾一再試圖用種種政治壓迫的手段來加強專制的威權，其結果不僅收效甚微，而且引起社會上普遍的反感。因此學術教育界的批評、青年學生的罷課遊行以及反對團體的組織活動等等，都從來沒有停止過。這就顯示「五四」精神在當時社會上是得到了廣泛支持的。國民黨之所以如此無力，主要是因它並沒有真正將自身建立成蘇聯式的布爾什維克組織，有權力沒收一切私有財產，將人民的生活資料完全控制在黨的手中。當時丁文江說「國民黨的專制是假的」，可謂一語道破。

抗戰勝利之後，內有中共的威脅，外有美國的壓力，國民黨不得不提前結束「訓政」而進入「憲政」階段。為了爭取社會的廣泛支持，國民黨必須在中共及其同路人之外，尋求其他黨派、學術文化界、「社會賢達」等人的合作。這些人中很多都經過了「五四」的洗禮，基本上認同民主、自由、法治等普世價值。例如一九四六年頒布的《中華民國憲法》，其主要起草人之一便是民社黨領袖張君勱先生。兩年後（一九四八）根據憲法而舉行了選舉，國民黨便宣告它所領導的政府已從「一黨專政」轉變為「憲政民主」了。但是這次所謂「選舉」基本上是在執政的國民黨操縱之下進行的，當時輿論往往稱之為「假選舉」。這大概和實況相去不遠。不過正如政治學家蕭公權所指出的，選舉「做假」這一行為的本身證明政府已明白承認憲政的必要性，而且假以時日，「弄假成真」的可能性也不容排除。（見蕭公權《問學諫往錄》，台北：傳記文學叢刊，一九六八，頁一九三）無論如何，國民黨的憲政體制雖然最初僅僅是一種形式，但在長期歷史演變中卻發揮了始料所不及的功能。在這一關聯上，我們的討論必須轉向一九四九年國民黨政權撤退到台灣後和「五四」精神的交涉。

蔣介石當年從「訓政」轉入「憲政」是在政治危機下萬不得已的一種舉措。

遷台以後，政治和軍事形勢已完全改變。為了重整旗鼓，蔣很想廢除憲政，將大權掌握在一己之手。一九五三年一月十六日，在蔣和胡適兩人的私下長談中，蔣對召開國民大會，選舉總統一事，明顯地表示了否定的意向。這一表示使胡「驚異」，因此在《日記》中問道：「難道他們真估計可以不要憲法了嗎？」胡不但當場糾正了蔣的看法，而且幾個月後又特別從紐約寫信給王世杰（當時是總統府祕書長），「討論憲法的法統不可輕易廢止。國民大會明年二月應該召集……。」（見《胡適日記》，一九五三年五月五日條）毫無可疑，國民黨的「憲政」「法統」在台灣獲得保存，胡適是功不可沒的。（詳見我的《從《日記》看胡適的一生》第七章中「憲政法統的延續」一節。）胡的反共立場和蔣完全一致，在這一方面他是支持蔣的。由於蔣在台灣事實上已是「黨、政、軍大權集於一身」（胡適語，見一九五一年五月三十一日〈胡適致蔣介石函〉），胡適作為「五四」新文化的領袖則堅決反對這種「一人獨裁」的統治方式。所以蔣、胡衝突的一面恰好反映了「五四」精神的歷史作用。下面讓我用最簡要的方式，略說一個大概，作為我的論點的終結。

這裡我要提出一個很大膽的看法：一九四九年胡適和他的朋友們在台灣開闢

了第二度的「五四」運動，通過一個很長的曲折過程，最後終於完成了台灣的民主化。事情必須從《自由中國》半月刊說起。一九四九年二月到四月，胡適在上海和杭立武、王世杰、雷震等人一再商談怎樣辦一份期刊宣揚自由和民主的價值，以對抗極權勢力在中國的興起。同時參與期刊的還有毛子水、傅斯年、張佛泉、崔書琴諸先生。刊名《自由中國》是胡適決定的，〈宗旨〉也是他在赴美船上寫的，以後刊在每一期上。創刊號是一九四九年十一月二十日在台北出版的，由胡適擔任了「發行人」的名義。這裡顯示出《自由中國》的雙重背景：第一、這是當時一個特殊知識人群體的大結合；其成員無論是在職官員或自由學人，都認同「五四」以來的現代普世價值。他們可以說是一群有號召力的中國自由主義先驅，因此在《自由中國》刊行以後，自由主義者的陣營在台灣得以不斷擴大。第二、胡適不但是創刊的最主要原動力，而且「發行人」的稱號更使他成為《自由中國》的「護法」（patron saint）。所以在他心中，《自由中國》和《新青年》、《新潮》、《獨立評論》等是難分軒輊的。在此雙重背景之下，《自由中國》承擔了傳播第二度「五四」運動的重任是不足詫異的。

胡適曾將「五四」新思潮的根本意義歸結於一點，即「評判的態度」，我認為《自由中國》把這一態度發揮到空前的高度，特別是在政治領域之內。雷震、殷海光等人都通過對國民黨種種不合理政策及其實施的強烈批評來推動民主運動。他們不但全力闡揚民主、自由、法治、人權、科學思維等等理念，而且進一步推展到反對黨的籌建，直接威脅到國民黨政權。他們「評判的態度」在一九五九至一九六〇年間更發展到登峰造極之境：在胡適領導下，攻擊蔣介石違背憲法，「競選」第三任總統。其後果是盡人皆知的：一九六〇年九月雷震入獄十年，《自由中國》關門，胡適在一九六二年二月中研院院士會議上談到自由中國的確有「言論和思想自由」的激動中，引發心臟病而去世，幾年之後殷海光也失去教職。這一結局很像「改革開放」時代的民主運動終於「六四」的悲劇。但是我們回顧十一年間以《自由中國》為基地的民主運動，不能不承認它在台灣的偉大啟蒙作用。我稱它為第二度的「五四」運動決沒有過譽的嫌疑。更重要的，二、三十年後，台灣走上了民主化的道路，其中的因素雖然複雜，但在思想層次上直接繼承了《自由中國》的傳統，則是不容否認的事實。

「五四」精神是一股真實的歷史動力，在此又得到了更明確的印證。

二〇一九年一月十八日於普林斯頓

（原載《思想》第三十七期，二〇一九年四月）

五四：中國近百年來的精神動力

決定了再寫一次五四的意願之後，困難便立刻隨之而至：寫什麼呢？在我的直感中，五四這個題目早已被大家寫得再也找不到賸義了。就我個人而言，好像我該說和想說的話也早已說盡了。

但因為這是百年紀念，我終不甘偃旗息鼓，默不一言。於是我一方面翻檢史料，一方面進行再思，最後確定把下面這個簡要的想法表達出來：「五四：中國近百年來的精神動力！」

必須說明：這個想法雖是我從歷史反思中得到的認識，但在這篇短論中，我不可能，也不必要，展開大規模的歷史論證。我相信只要在關鍵處略作指點，讀者便可以清楚地看出我的根據何在，至於是否認同，那當然完全是另一問題。

胡適晚年遺稿的啟發

讓我先解釋一下，我的想法是怎樣形成的。過去我評論五四新文化或新思潮運動，整體而言，是相當正面和積極的。我始終認為廣義的五四始於文學革命、學術和思想更新，終於「民主」和「科學」兩大現代價值為號召。這顯然是為了要參照西方現代文化史的演進歷程，以重建中國文化和社會的現代模式。一九一九年胡適在《新青年》上出版了那篇影響很大的〈新思潮的意義〉，其中提出四大綱領：一、研究問題；二、輸入學理；三、整理國故；四、再造文明。一九六〇年，即在死前的一年多，他在美國華盛頓大學召開的中美學術合作會議上，則發表了一篇轟傳一時的英文講辭，題目是〈中國傳統與未來〉（"The Chinese Tradition and the future"），令人驚歎的是：這兩篇作品相隔四十一年，而後篇竟是對前篇所提出的四大綱領的畢生實踐報告。我相信，如果我們把這兩篇文字當作五四的主要歷史內容來看待，它應該是最接近客觀真相的。所以我一向把五四看作一場穩健而合理的現代文化運動，不願貿然接受「反傳統」、「全盤西化」

之類的偏頗論點。在長期歷史過程中，五四推動者之中自不免發生一些過激的議論，但是我們不能以偏概全。

但是另一方面，我對五四總隱隱感到有種遺憾，即並未實現「科學」（「賽先生」）和「民主」（「德先生」）兩大理想，尤其是後者（「民主」）。這一內心遺憾多少含蘊著一個潛意識，即五四終是一次失敗的運動。由此一念之差，我對於五四百年來的實際歷史功能便在不知不覺中發生了理解上的偏向。直到經過最近一番新的反思之後，我現在才敢斷言，五四作為一個文化運動（當然包括一九一九年五月四日的學生愛國運動在內），它一直在成長之中，成為推展中國現代化的一股重大的精神動力，但我之所以有此新的反思，主要是受到胡適晚年一篇遺稿的啟發。一九五五年他寫了一篇題為〈四十年來中國文藝復興運動留下的抗暴消毒力量〉（又題作〈中國共產黨清算胡適思想的歷史意義〉，收在《胡適手稿》第九集）。這是為了答覆《自由中國》社的一封公開信，請他討論為什麼中共要在全國範圍內清算胡適思想，並公開宣告他是「中國馬克思主義和社會主義思想的最早的、最堅決的、不可調和的敵人」（周揚語）。胡適在深思之後，提出了下面的答案：

這個大謎的解答，費了我好幾個月的研究和回想，現在我漸漸明白了。我雖然從沒有寫過一篇批駁馬克思主義的文字，我在這三十多年中繼續為中國文藝復興運動所做的工作，漸漸的把那個運動的範圍擴大了，把它的歷史意義變得更深厚了，把它的工作方法變得更科學化了，更堅定站得住了，更得著無數中年和青年人的信任和參加了。

胡適緊接著說：「這一段話很像是我替我自己大鼓吹。」但又自信這是「近於史實的論斷」。文中所謂「中國文藝復興運動」即是五四的代號，這是大家都知道的。

我初讀此文，也感到胡適確有過於強調個人歷史作用之嫌，雖然他的貢獻確實不小。但他指出五四在後來幾十年一直在「擴大和加深」的歷程之中，則使我的眼界大開；反覆思考之後，不得不接受這一論斷。因此我對胡的解答作了一點修正：「擴大和加深」不是由胡適一人或少數人的繼續工作的關係，而是當時要求推動中國現代化的知識階層共同努力的結果。我的基本判斷是這樣的：從一九一七年《新青年》發動文學革命，大約先後有十年可以算作是「五四新文化運動」的時期，在此期間，許多新觀念、新價值都在中國知識人世界醞釀和成長之中。不但如此，其中有些觀念和價值早在清末已傳入中國，但也在五四期間才找到適當的位置而被接受下來，所以五四並不僅僅是提出了若干響亮的口號（如「民主」、「科學」之類），而是一整套價值系統進入了中國文化的內層。多數知識人不但先後吸收了這些價值，而且在各自專業內體現了它們。限於篇幅，這裡姑且就兩個主要方面各舉一例為證。

「輸入學理」和「整理國故」

第一是學術思想方面，這是五四作為文化運動的核心部分，相當於胡適在〈新思潮的意義〉中所提出的「輸入學理」和「整理國故」。所謂「輸入學理」指翻譯和介紹西方人文社會各領域的新創獲而言，這是嚴復早已開闢的一條路，但直到五四以後才能有系統、有計畫的展開。所謂「整理國故」則指用現代科學方法研究中國的歷史和文化。梁啟超、章炳麟、胡適等人雖都指出：清代的考證學已走上了大體相近的方向。但乾、嘉考證畢竟提不出現代人所關注的問題，而且在方法上也還大有改進的餘地。所以五四才是「整理國故」的全面開始。這兩個方面的發展便是五四精神的不斷「擴大和加深」，也代表了五四在學術思想史上最受重視的成就。但這種成就出於五四一代知識人的集體而自覺的努力，不宜歸功於一二領袖人物。以「輸入學理」而言，五四以來許多個別學者分途努力的事例太多，這裡不可能一一列舉。專就集體工作來說，中華教育文化基金會在一九三〇年成立了一個編譯委員會，分為甲乙兩組，前者主持人文學科，後者主持自然科學。基本工作便是編譯西方名著。委員會主任由胡適專任，兩組委員則選自當時超一流的專家（如人文方面是丁文江、趙元任、陳寅恪、傅斯年、陳源、聞一多和梁實秋七人。）委員會的主要任務是討論和決定各專業的名著，並審查譯者的資格。但委員中也有願意參加譯事的，如梁實秋之於《莎士比亞全集》。這一基金會的經費來自美國退還的庚子賠款，數額極大。幾十年下來，使中國學術思想的面貌煥然為之一新。

「整理國故」比「輸入學理」更為重要。今天回顧二十世紀上半葉中國在學術研究上的原創性貢獻，我們只能提出「整理國故」這一領域。這裡只要指出一個明確的事證便夠了：我們目前共同承認的「國學大師」都是五四時期「整理國故」的先進學人。他們背景不同，專業也不同，但取得的成就都是超一流的；因此不但至今仍為中國後學奉為典範，而且更在日本和西方的所謂「漢學」界開闢了新途徑。前面已指出，「整理國故」的遠源可以上溯至清代考證學。這裡應該再補充一句，清末受到西學的影響（通過日本），考證已開始現代性的轉化，如章炳麟、梁啟超、王國維等即其例。事實上，「國故」這一新名詞便是章炳麟鑄造的。胡適的《中國哲學史大綱》上冊是公認的五四時代「整理國故」的開山之作，但胡氏在此書和《四十自述》中便曾明白承認：他的新著是深受梁啟超和章炳麟兩家的啟發而寫出的。

由上述背景，可見「整理國故」雖代表了五四學術的特殊趨向和成就，但更不是一人或少數人提倡出來的。很顯然的，以現代最精確的方法來研究中國歷史和文化，是清末以來學術界的一種自覺要求，不過到五四時期才由於公開倡導而形成一個整體運動而已。而且「整理國故」工作也未停止在五四時期（一九一七—一九二七）之內，它一直在「擴大和加深」中（就中國大陸而言，它在一九四九年開始受挫，但以海外而言，則至今仍在延續中）。所以在學術思想史上，五四不但不是一段失敗的過去，而且還是一段活生生的動力，引導著我們在研究的道路上推陳出新。

評判的態度

第二是關於五四的基本精神方面。胡適先生在〈新思潮的意義〉中說：

新思潮的根本意義只是一種新態度。這種新態度可叫做「評判的態度」。

所謂「評判的」，即是英文「critical」，後來通譯為「批評的」或「批判的」。他進一步指出：無論是「研究問題」、「輸入學理」或「整理國故」，都一步也離不開「評判的態度」。而且追求「新思潮」的人，由於背景相異，想法也不可能一致。但「評判的態度」是他們的「共同精神」，則是可以斷言的。

我們只要略略回顧一下百年來的中國史，便立即看到：五四的批判精神也同樣是在不斷「擴大和加深」之中，今天仍然展現出深厚的歷史動力。讓我們僅就五四以來追求現代民主秩序這一動態稍作觀察（這一動態中包括了不少普世價值，如自由、憲政、法治、人權、個性解放等等，這裡不必細論）。民主秩序在中國大陸一時還不能展開，但在台灣則已基本實現。這和五四的基本精神有極密切的關係，我願意提出一點個人的看法，供讀者參考。

一九二七年國民黨在南京成立了一個「一黨專政」的政府，這是孫中山在一九二四年依照蘇聯布爾什維克黨的模式，改組國民黨的結果。不過孫中山並沒有放棄原有的民主憲政的理想。他認為革命成功之後，必須先建立一個「訓政」階段，由國民黨單獨執政，以「訓練」人民、進入「憲政」的最後階段。但當時國民黨所想推行的「訓政」卻另有特色。一九二七年六月，胡漢民在《民國日報》上發表長文，宣布了下面兩大綱領：

一、「黨外無黨，黨內無派。」

二、「三民主義之外無主義。」

這便和五四精神發生正面的衝突了。

這裡必須特別指出，五四的領袖人物和接受五四精神的青年知識界對於這樣的「一黨專政」從一開始便拒絕接受。不但不接受，而且通過各種方式與之抗爭。無黨無派的學人如胡適、羅隆基等在《新月》雜誌（一九二八年創刊）上對國民黨展開尖銳的批評。被禁止活動的其他黨派（如中國青年黨）則在他們的黨刊（如《醒獅》）上破口大罵。這一風氣形成之後，它一直延續到國民黨政權在大陸上終結。抗戰末期聞一多以昆明《民主週刊》為基地而倡導「和平和民主」、戰後儲安平《觀察》雜誌對政治社會和思想所進行的全面批判，便代表了其中兩大階段。

不但如此，自一九三〇年代起，由於日本的侵略，青年一代更將追求民主秩序和「救亡」結合了起來；他們深信：民主才是「救亡」的最好途徑。於是一九一九年五月四日那一天的北京學生愛國運動成為他們集體抗議的典範：群眾組織、遊行、示威、集會等從此是最常見的學生活動（包括大學和中學）。但學生集體上街抗爭直接影響到社會安定，國民黨最後失去人心，不再能維持一個最低限度的政治秩序，斷然與此有關。一九四〇年代末期「反饑餓，反內戰」的全國性學運，是我親眼目睹的，其規模之闊大、持續之長久、以至情緒之激動都是空前的。所以當時毛澤東也不得不公開承認：學生運動是「革命的第二條戰線」。

以上的簡單回顧至少使我們認識到：新思潮運動和提倡「民主」並未中止於五四時期，以後即置之不問。恰恰相反，五四一代師生及其後來者在一九二七年以後，曾一次又一次地為追求民主秩序而奮鬥。這又證實了上面提出的一項通則：像其他現代普世價值一樣，「民主」的探求也一直隨著五四運動的發展而不斷「擴大和加深」。

通過五四思潮傳播馬克思

也許有人會說，一九三〇年代以後，由於「救亡」的急迫要求，學生運動的主導思想已逐步為馬克思主義所取代，我不否認中共地下黨曾全力利用「救亡」來擴大它在青年學生中的影響力，企圖借學運壓力，迫使國民黨停止「剿共」。但是我必須著重地指出：當時中國青年能把馬克思主義當作終身信仰來接受的，還是少數。所以中共仍然只有通過五四思潮來傳播馬克思主義。這裡只要舉一個例子便足夠說明問題了。胡風派稱之為「叛徒」的舒蕪（本名方管，一九二二—二〇〇九）在一九九五年回憶他接受馬克思主義的動機時說：

> 我接觸並選擇了馬克思主義，是在抗日戰爭初期。……我一接觸馬克思主義，首先覺得它最能說明抗日救亡的種種現實迫切問題；其次覺得它更能科學地說明救國救民平治天下之道；其三，覺得它與民主、科學、自由、個性解放等等完全相合，而且是最徹底的科學、民主、自由、個性解放。於是，我一下子就相信了它。（見舒蕪〈與友人的信札（二通）〉，《萬象》，二〇一一年第九期。）

他的第三點最值得重視，可見中共是刻意把馬克思主義偽扮成五四新思潮的最新版本來騙取青年的。毛澤東的《新民主主義論》寫成於同一時期，這決不是偶然的。

總結地說，在國民黨執政二十二年的期間（一九二七—一九四九），五四的批判精神，通過上面所說的種種方式，始終在推動著中國的現代化和民主化。五四不是一個往事的記憶，而是一股有生命的歷史原動力，在此又得到了具體而明確的印證。一九四九年國民黨政權敗退到台灣以後，由於特殊因緣的關係，竟使五四精神獲得一次更輝煌的發揮，限於篇幅，這裡只能作一點最簡單的介紹。

五四與國民黨

一九四九年春，國民黨在存亡危機之際，不得不爭取當時自由派的合作，以自由、民主為號召，與中共相對抗。從這年二月開始，胡適便不斷和王世杰、杭立武、雷震等人一再商談怎樣辦一份期刊，宣揚自由和民主的價值。同時參加討論的學人還有傅斯年、毛子水、張佛泉、崔書琴諸位，都可算是中國的自由主義者。最後的決定是創辦《自由中國》半月刊，由胡適擔任「發行人」的名義，實際事務由雷震負責，最初三年的經費則來自教育部，一九四九年十一月二十日創刊號在台北出版。這裡必須指出，胡適當時雖身在美國，但他確是《自由中國》的最主要的原動力，不但刊名是他決定的，〈宗旨〉也是他一手寫成的，以後刊在每期上。而且他接受「發行人」的名義也是極其嚴肅的；他對刊物認真閱讀，往往提出意見，甚至寫公開信抗議黨、政、軍干涉刊物的言論。我們有充足的理由斷言，他對《自由中國》的認同，決不在《新青年》、《新潮》或《獨立評論》之下。

事實上，我們很快便看到《自由中國》是國民黨的眼中之釘，雙方的政治距離愈來愈遠。在胡適的「護法」（Patronage）之下，《自由中國》把五四的批判精神發揮到了空前的高度。雷震、殷海光等人不但對國民黨種種不合理政策及其實施，進行強烈的批評，並且通過批評推動民主運動。他們一方面全力闡揚民主、自由、法治、人權、科學思維等理念，另一方面則推展反對黨的創建，直接威脅到國民黨的政權。一九五九至一九六〇兩年，在胡適倡導下，他們的政治批評更發展到登峰造極之境：攻擊蔣介石違背憲法，「競選」第三任總統。其後果是大家都知道的：一九六〇年九月雷震入獄十年、《自由中國》關門、殷海光等作者失去言論和發表的自由等等。一九六二年二月，胡適在一個公開場合談及他被「圍剿」的現象，竟在激動中引發心臟病而去世。《自由中國》的十年，在當時顯然是一段失敗的歷史。但在今天回顧中，我卻認為它是五四最光輝的一頁。胡適和其他自由學人圍繞著《自由中國》所進行的一系列活動，分析到最後，其實應該理解為他們在台灣開闢了第二度的五四運動。這十年運動把自由民主的理念傳播到無數知識青年，甚至一般人的意識深處，影響所及便是我們今天所看到的民主化的台灣。這已是大家的共識，不必再說了。

這裡我僅僅強調一點：我們再也不能說，五四只提出了「民主」的觀念，沒有帶來它的實現。

五四在中國大陸

最後，我想用幾句簡單的話來概括五四在中國大陸的一般狀態。一九四九年以後，中共通過一系列的手段來懲治知識分子（或「知識人」）；而懲治知識分子則主要是為了消滅五四的新文化、新思想。所以「思想改造」之後接著便是「胡適批判」。共產黨的「一黨專政」是貨真價實的，因為它已將一切生產資料緊緊地抓在一黨之手。這和國民黨只能勉強控制政府機構完全不可同日而語。所以，一九四九年以後五四運動不能再有所開展是必然的。但是五四所倡導的許多普世價值早已進入知識分子的意識深處，決不是政治暴力所能立即摧毀的。而且外在的壓迫越厲害，內在的反抗也越強烈。這就是說，五四文化在極權統治下雖不能發生作用，但只要外在情況有所改變，政治鎮壓稍稍鬆弛，五四文化便有機會捲土重來。從這一角度觀察，我們必須肯定五四在七十年來的中國大陸仍然是一股有生命的動力；即使在完全不能活動的情況下，它至少仍是一股歷史潛力。

讓我略舉兩個最顯著的例子。第一，一九五七年那個短暫的所謂「百家爭鳴」，便是北京大學學生在五月四日發動起來的。這一天，八千個學生開五四運動紀念會，十九個學生領袖發表激烈的演說，公開攻擊中共政權對民主自由的迫害，他們還編印了一個名之為《民眾接力棒》的期刊，寄給全國各級學校，呼籲全體學生為民主、自由、人權而奮鬥。

第二是一九八〇年代所謂「改革開放」時期的民主運動。從「思想解放」、「民主牆」到天安門，都是在五四精神的籠罩之下。一九八九年天安門廣場百萬人集會，主要便是為了慶祝「五四」七十週年。當時黨內自由派知識人公開喊出了「回歸五四」、「重新啟蒙」的明確口號。

五四文化在中共控制下仍然是歷史活力，這是無可懷疑的。而且「六四」以後，在五四的語言已完全不許露面的局面下，五四的批判精神依然可以找到各種各樣的表現方式，有時是維權律師，有時是「〇八憲章」，有時是卡車司機集體罷工。最近我竟讀到一則報道，摘抄於下，作為本文的終結：

> 去年廣東佳士罷工事件爆發後，有數百名學生連署在社群媒體傳播聲援信，其中作為引領百年前五四運動的北京大學，也有馬克思主義學會學生參與。甫從北京大學畢業的維權學生岳昕曾表示，她的信念並非來自國外，而是來自五四運動。（《世界日報》二〇一九年四月六日）

最後一句話，可以作為本文的鐵證。

（原載《明報月刊》第六四一期，二〇一九年五月）

馬克思主義在近代中國的發展

馬克思主義至少有兩個意義，其一就是馬克思主義作為一種革命的實踐，亦即建立政權，建立新社會。在此意義下的馬克思主義，已有蘇聯政權崩潰的事實，其命運實是顯而易見，已非預言，也毋須預言。而另一種意義的馬克思主義，則是指馬克思主義所引發的觀點。也就是馬克思主義對近代思想學說的影響，並改變了近代思想的一些基本觀點。而對於這些基本觀點，不論我們贊成與否，都必須有所回應。而這種馬克思主義沒有也不可能完全過去，它已被吸收融合在形形色色的學說之中。這種馬克思主義和作為革命實踐的馬克思主義是不同的。我們必須清楚的區分二者，才能明白，為何蘇聯已然崩潰，卻仍有馬克思主義的觀點存在。掌握這個最大的關鍵，才不至於造成思想上的混淆。

所以接著我們要反省的是，為什麼中國對馬克思主義接受的程度竟如此之多，又如此之快。事實上，從思想史上觀察，馬克思主義傳到近代中國的歷史相當短暫，但為什麼中國知識分子信從的速度卻相當快。

二十世紀初，許多留日的無政府主義者，像劉師培、章太炎等人，曾在學報上發表一些有馬克思主義觀點的文章。但他們並未接受馬克思主義，基本上這些觀點更接近無政府主義。因為這兩種思想確實有許多相近之處，二者都是對現實社會種種不公平的抗議。然而若非如此，也不會成為知識分子接受的力量，成為知識分子無可抗拒的路線了。但基本上，馬克思主義在中國，早期仍是無政府主義接近馬克思主義。李澤厚也曾提到，早期的共產黨員，大多信仰無政府主義，他們最後的目標仍是無政府狀態，馬克思主義只是過渡罷了。

到了五四（如果把一九一六年陳獨秀辦《青年雜誌》起，算作廣義的五四），陳獨秀在《青年雜誌》上講「破三綱五常」、講「個性」，事實上是一種個人主義。這是源自對西方個性自由發展的推崇，上可接康有為、特別是譚嗣同的「衝決網羅」。這是他們對中國名教綱常的共同突破。

當時，《青年雜誌》上有一篇鮮為人注意的投書，問及社會主義是否應該在中國，陳獨秀的答覆是「不適合」，他認為，中國還沒有所謂的產業工人。而此時離他成立共產黨也只差三年而已。由此可看出，他對馬克思主義並無深入的理解。在所有早期五四運動的領袖中，陳獨秀是最個人主義的。在他信仰共產主義之前，馬克思主義尚未有很大的影響，此時，陳獨秀的個人主義色彩遠比胡適之還濃。

然而，由於逐漸對英美的失望，尤其是英國的帝國主義氣焰較高，不但擁有香港、各種領事裁判權，後來還有「五．卅」殺工人事件。在這些問題的刺激下，陳獨秀等才慢慢對英國的自由主義，及以科學、民主為代表的事物產生失望的情緒，因而開始轉向。

當然，歷史也有偶然的因素。陳獨秀若非在北大受到湯爾和之流的排擠，也不會去上海，《新青年》也就不會轉向政治，同時期，陳獨秀等還辦了《每週評論》，雖是涉及政治現實，但卻未表現特定的主義和思想。陳獨秀接觸馬克思主義的時間相當短，而他也沒有機會好好研究馬克思主義的經典。因為，當時儘管有一些簡單的介紹，但卻沒有馬克思的原始文獻。只有一些受到河上肇影響的日本留學生，所帶回來的觀念。

事實上，從思想史的線索來看，在一九二一年之前，至少在中國共產黨的創始人陳獨秀身上，看不出馬克思主義有在中國發展的必然趨向。

至於另外一人李大釗，在一九一七年俄國革命之後，則寫過像〈布爾什維克的勝利〉，歡呼俄國勝利的文章。而李大釗的確寫過比較多討論馬克思主義的文章，其中最著名的便是〈我之馬克思主義〉，對馬克思主義做了一般但也很初步的介紹。李大釗早期對唯物史觀很有興趣。並舉證中國文字學，以證明古代有奴隸社會，但他也沒有完全談到無產階級革命。據統計，五四時，中國產業工人最多不過兩百萬人，而那時的人口約有四、五億人。當時可說根本沒有無產階級，既然如此，又如何能達成無產階級意識？這也是早期中國知識分子接受馬克思主義的困擾。

包括毛澤東在內，其早期的文章與馬克思主義也毫無關係，這時毛受到顏習齋、李恕谷所謂「顏李學派」重實踐的影響，而重實踐的精神正是中國的特色。這和馬克思主義雖然義理不同，但可看見其中有接頭之處。另外，唯物史觀在中國思想史上不容易找到一個很明確的環節，唯一可指出的是中國人一向注重經濟。〈洪範〉九疇就有「一曰食，二曰貨」，歷代正史，也都有〈食貨志〉，這是中國歷代對經濟生活特有的「衣食足，知榮辱」的觀念。所以也覺得馬克思主義就像常識，不必懷疑，也沒什麼不能接受的。然而撇開重實踐、注重經濟生活這兩點，其實馬克思主義作為一套唯物論，在中國思想史中是沒有關係也接不上頭的。

至於馬克思主義的辯證法，在中國思想史上，也只能勉強找到根據。正如現在一般人所言，中國人的思維不是直線的邏輯思維，而是曲折的方式。如老子的「反者道之動」，則可說是近似辯證式的。而馬克思主義中另一個根本的精神，即〈關於費爾巴哈的論綱〉中所說的：哲學從來就是為了解釋世界，這是知識論的，但哲學真正的任務卻是改造世界。這一點和儒家想改造世界的淑世理想很接近，因此，從中國儒家式的知識分子轉而為馬克思主義者，其實相當自然。

另外我們再從五四運動的發展來看。如李大釗等人特別強調馬克思主義的科學性，因為五四的兩個大纛正是「科學」與「民主」。而後者在中國提倡一陣後，又發覺與現實相距太遠，以致腳步緩了下來。但槍炮一打到中國，如吳稚暉者，則特別重視起科學了。而馬克思主義又以科學的面貌出現，宣稱是「科學的社會主義」，使得五四的知識分子認為它是最新的科學，而無法抗拒其吸引力。事實上，這和中國傳統思想並沒關係，而是五四對西方科學的迷信。五四基本上是一種啟蒙的心態，經過十九世紀的發展，啟蒙的心態受到實證論的影響，認為科學必須實證，而馬克思主義既然號稱尋找到歷史的規律，中國的知識分子便認為，當然可以依循這個規律。

以上這許多因素加起來之後，便回答了我們所提的問題，為什麼中國的知識分子這麼快就接受了馬克思主義。我們可以說中國知識分子重實踐、注重經濟生活、想改造世界、辯證的思維以及對科學的嚮往等因素，發現其與馬克思主義性格之近似處，造成馬克思主義成為西方哲學系統中，最容易為中國知識分子接受的思想。

但是回到最初我們談到的問題上，馬克思主義作為革命實踐，在歷史上發生作用的脈絡，與中國知識分子的心態為何較易接受馬克思主義的架構很不相同。那時，知識分子只是認為馬克思主義言之成理，很親切，又能合乎常識，可是卻還沒想到要以馬克思主義去改造中國。這一點是後來慢慢發展出來的，而且不是從思想層面發展來了，而是由於深覺其他路徑都行不通之後的挫折感。而最主要還是受到俄國革命的刺激。

孫中山以俄為師，但並未自成一家之言，而且始終沒有成為馬克思主義者。他只是說馬克思是社會病理學家，但不是社會生理學家，不能治療。可是要承認馬克思是病理學家，後果也很嚴重，因為這無疑是肯定馬克思基本上是正確的，病的確看對了，只不過不會治療罷了。而孫中山早年和廖仲愷、胡漢民等所辦的雜誌《建設》，也提到了許多借自日本的馬克思主義的唯物史觀，雖然其間容或有曲解，也嫌粗淺，但確實也為馬克思主義在中國的推行，推波助瀾。同時，俄國也希望將中國置於自己的勢力範圍之內。繼越飛早期與軍閥的接觸之後，第三國際又找上孫中山。孫中山一方面不願走共產主義路線，而與馬林敷衍，另一方面又覺得需要左派支持，於是開始聯俄容共政策。這一點也幫助了共產主義在中國的發展。

一九二四年國民黨改組，容納共產黨以個別的身分入黨。共產黨很快就成了有勢力的政黨，並開始走激烈的群眾路線，殺土豪劣紳、打倒帝國主義等。但共產黨利用的是民族主義，而非馬克思主義。在抗戰時，全國的民族危機感普遍加深，五四時發展的自由主義、民主、個人都置於國家之後了。共產黨看準了這一點，趁勢推動民族主義，對外抗日，使國民黨無法對他動武。這就是共產黨利用民族主義在中國奪的權。在這一段國共合作期間，共產黨更在軍隊發展。以政治委員在軍隊中設立政治部，甚至黃埔軍校的政治教官就是周恩來，而國民黨內部更有許多人也投入共產黨的行列。由此種種我們會發現，不只是思想上的背景，更有政治活動的影響、帝國主義的壓迫、對西方失去信心，還有想採取蘇聯的模式等因素，才造成共產主義在中國的得勢。

馬克思主義在中國革命實踐時，所謂的毛澤東思想有何地位呢？事實上，毛澤東在理論思想上根本就不通透，談不上對馬克思主義有任何理論上的發展。而他的〈矛盾論〉、〈實踐論〉中所謂的「主要矛盾」、「次要矛盾」等「階級鬥爭」的理論，其實純粹是人事鬥爭。而且，這些也不是毛澤東一個人的著作。有許多根本是毛澤東的祕書陳伯達代寫的。毛澤東要建立的就是恐怖統治，不服從就鬥爭。毛澤東的馬克思主義非常表面而有限，唯一剩下的便是不斷的階級鬥爭與奪權，並以此法對付所有的對象。馬克思主義只是毛澤東奪權的合法化工具，用以化妝的理論。而馬克思主義的歷史規律就等於傳統王朝的天命論，以階級鬥爭為其執行的利器。毛澤東是將中國傳統中一些負面的成分和馬克思主義結合了起來。

蘇聯崩潰後，中共還沒垮台，只不過是矛盾和緩罷了。這並不表示會有中國特色的馬克思主義，這是根本不存在的。但是根本的解決之道仍在選擇自由市場經濟，恢復自由財產的積極性，或是選擇國有路線，採取平頭主義。所謂中國特色的社會主義，可用八個字形容「政治加緊，經濟放鬆」。這是共產黨最大的如意算盤。

但是，東歐的各種政治研究都證明，在私有與國有之間，沒有第三條路。要不就集體化、國有化到底，消滅私有財產，沒有社會，只有國家，否則反之。但一九七九年與美國建交之後，中共的基本型態卻是「一鬆一緊」，亦即「一放就亂，一收就死」的型態。然而如果財產觀念不清楚，所有的個體戶、鄉鎮企業的財產不合法，則根本無法做生意。

如今，馬克思主義在近代中國已是事實，但馬克思主義並沒有什麼真正值得吸收的內容，只有其制度是否崩潰的問題。在思想研究上，我們了解馬克思主義是起於社會的不公平，但任何不義都可以用其他方法逐步解決。而另一方面，作為革命實踐的馬克思主義，則全都是負面的，沒有值得吸收轉化的內容。

事實上，只要建立私有制，形成民間社會，馬克思主義就會消逝殆盡。它作為一種政黨形式的存在，號稱是無產階級的代表，揭示了人類的未來，事實上卻把一切生產資料全集中在黨的身上，要存活就要依靠這個政黨。我們只有兩種選擇，要與不要這個政黨形式，要就全要，否則完全放棄，在二者之間沒有任何中間路線，思想是不能含混而過，打任何折扣的。

（原載《哲學雜誌》第二期，一九九二年九月）

學術思想史的創建及流變
——從胡適與傅斯年說起

杜所長，各位女士、先生：

很高興能夠參加這一次會議。[1]為了配合慶祝中央研究院歷史語言研究所創

1 英時附語：這篇文章是根據我當場發言的記錄整理出來的。我僅僅作了少量的文字修飾和增添了一些新論據。但全篇仍保持原來的樣子。我要特別感謝林志宏先生費心整理的努力，他並且儘量為原文增添了出處，詳舉書、文的名稱和卷數、頁數。我很慚愧沒有時間重新改寫

建七十週年，我的講題嘗試結合與本所歷史有密切的關係，同時以中國學術思想史研究為範疇，選定以胡適和傅斯年為例，說明二人所建立的一套古代學術思想史研究方法，及它在中國學術史上建立史學新典範的意義。

先說明為什麼要從古代學術思想史這一範疇來談中國史學新典範的建立。我的第一個理由是：二十世紀中國新史學，可以說是專業化的史學。從前乾嘉考據學者雖有許多超過專家水準的研究，但實際上沒有發展出專業的史學；真正產生專業的史學，歷史語言研究所是第一個。甚至在胡適一九一七年剛返國回北京大學任教「中國哲學史」課程的過渡時期，史學也還未達專業化的地步，一直要到傅斯年創立歷史語言研究所後，史學才奠定專業化的基礎。其次，中國史學的建立也非各方面齊頭並進的。如經濟史和社會史的形成和發展都相當地遲。政治史本來是我國撰作歷史的特長，然而清代在撰寫大規模史著方面並沒有突破前人的成就，所以章炳麟說清人考史者多，撰史者少。[2]所以，民初新史學的淵源是來自清中葉所謂經史考據之學：從經學一步步發展，由治經而進行訓詁，藉以了解古代的語言；又因為要懂得古代語言，於是便尋找同時代的語言，這樣就牽涉到由經學延伸至史學、子學的問題，然後則再配合古史來談經學。錢大昕曾提及經學家只看前三史，後面便不看的情況，[3]至少到清末民初期間，學術思想界如章炳麟、康有為、梁啟超及胡適等，仍是如此，他們讀的書籍仍舊集中在先秦部分。傅斯年也稱自己所讀的還是先秦書籍，而且已歷經清代學者長期的整理。這也就是說，如果我們承認現代史學曾經歷「革命」過程的話，那麼事實上它是從中國古代哲學史或學術思想史的研究開始的，而胡適先生在此則恰好扮演著一個革命性的角色。

胡適的《中國哲學史大綱》自一九一九年出版至今已八十年，我們倘使把他的博士論文《先秦名學史》（*The Development of the Logical Method in Ancient China*）互相參照，頗能看出其間完整地兩個階段性。而這也正是過去中外治史學者所忽略之處。通常中國學者研究胡適時，往往只談胡的前著，而西方在提到胡適方面也僅引用後著，我覺得兩者須配合起來，才能理解胡適在中國哲學史研究

這篇講詞，請讀者原諒。一九九九年十一月十二日。

2 見章炳麟，〈清代學術之系統〉，《師大月刊》第十期（一九三四）：頁一五七。

3 江藩，《國朝漢學師承記》（北京：中華書局，一九九八第二刷），卷三，頁四九。

上的意義。據顧頡剛回憶和說明可知，事實上《中國哲學史大綱》在未發表前便已引起轟動。主要原因是因為過去的中國哲學史從神農、伏羲講起，教了半年才及周公，[4]說明當時講授哲學史的情況，多少代表著文人業餘發揮的成分，未及專業化程度；而胡適的哲學史卻截斷眾流，從老子、孔子開始講起，可以說在意義上則劃分了另一個新階段。《中國哲學史大綱》在今日可能已少有人閱讀了，因為就內容而言，後來有許多的著作其實早已超越它，就連胡適晚年自己也認為這部著作不值得再重新修改。他在一九五八年返台前所寫的《中國古代哲學史》序言裡便說想在寫完「中古思想史」和「近世思想史」後，打算用中年以後的見解重寫一部「中國古代思想史」，而不採哲學史的名稱，讓《中國哲學史大綱》以歷史文獻的方式單獨存在。[5]所以今日不宜將《中國哲學史大綱》視為一部討論哲學史的書，因為在內容上早已陳舊，胡本人也稱他敘述《莊子》的生物進化論，是「年輕人的謬妄議論」。[6]

但我們不能僅從這個角度來看待它。《中國哲學史大綱》其實是部深具開創性、革命性的論著。它的意義在於超越乾嘉各家個別的考證成就，把經史研究貫連成有組織的系統，運用的是西方哲學史研究方法。甚至本書最後還進行明顯地評判（critical review）部分——即以實驗主義觀點來批判古人的學說。儘管這一部分尤其受到批評，可是不能掩其開創性意義，所以我曾稱此書是建立「典範」（paradigm）的著作。[7]後來馮友蘭的《中國哲學史》當然超越胡著，可是畢竟要晚了十幾年後才刊行；而且在同時期討論先秦諸子思想的學者事實上也已增加了許多，但馮著並未突破胡著的典範。

我在前面說過，當時的人讀經還是僅止於先秦，而讀史則至《後漢書》為止，因此漢代的情形大致上還是很清楚的，至於魏晉以下則沒什麼人研究。所以民初學術界研究的重點主要放在先秦的古籍、經學及史學考證，以此為基礎所寫的作品實不勝枚舉。譬如最早用新史學觀點寫出的教科書——夏曾佑《中國古代

---

4 顧頡剛，〈自序〉，《古史辨》（香港：太平書局，一九六二）第一冊，頁三六；馮友蘭，《三松堂自序》（北京：人民出版社，一九九八），頁二〇四。

5 胡適，《中國古代哲學史．台北版自記》（台北：遠流，一九九四第七刷），頁一。

6 同上，頁二—三。

7 見余英時，〈《中國哲學史大綱》與史學革命〉，收在《中國近代思想史上的胡適》（台北：聯經，一九八三）附錄一，頁七七—九一。

史》，敘述便僅至漢代為止，可以想見當時最先進且最具開拓的部分，無疑是集中在古代史的研究。這是胡適撰寫第一部新式哲學史的憑藉，因為他有許多借力之處：如章炳麟、梁啟超的影響，乃至更早孫詒讓的《墨子閒詁》等，能夠採擷晚清以來諸子研究風氣的成果。這也是《中國哲學史大綱》出現能夠轟動一時，令人耳目一新的主要理由。今天的讀者恐怕是不大能理解的，因為現在我們已將胡適談的許多內容視為常識，甚或超越而有所遺忘。儘管現今中國哲學史課程中大學生已無須研讀《中國哲學史大綱》，然若自史學史的視野來研究民初史學新典範的建立，則又非看不可。

接著我要再說明這部哲學史著作的特色。蔡元培曾在本書的序裡指稱：能夠身兼「漢學」和西方哲學史心得的學者不多，並有深入地了解，以系統的方式陳述中國古代哲學史者，胡著可以算是第一本書。[8]四年後蔡又為《申報》五十週年紀念時撰寫〈五十年來中國之哲學〉一文，仍然持此意見，認定胡著確為開新紀元的一部書。[9]我認為《中國哲學史大綱》所具備的革命性意義其實在兩方面：一部分是它本身在內容上是屬於中國的，可是形式和概念上卻是取自西方的，這個「典範」一直到後來也都未曾被推翻。例如馮友蘭的《中國哲學史》也有類似的情形，用另一些西方哲學的觀點來詮釋中國哲學。所以就某些意義上而言，馮著超越胡著之處是在於：馮寫完了整部中國哲學史，儘管實際上清代部分只是談了寥寥幾句，不過已是在胡適的典範後深入探討的論著。然而馮著與胡著又有一大不同處：即馮自稱採用義理的觀點，也就是「宋學」的；而胡適是「漢學」的，兩者確實有所分別。[10]胡適《中國哲學史大綱》之所以至今仍值得討論的價值，是在關於《墨經》邏輯部分，這是他研究上有所突破之處。後來胡又寫〈墨辯新詁〉，更加深其看法。梁啟超雖早於清末已開始研究墨子，但不可諱言，《墨經校釋》其實是受到胡適的影響，所以梁書完成時曾請胡適寫序，然後才進而有所辯駁。章炳麟也曾感到胡適在墨子方面的挑戰，關於《墨經》方面，章、胡亦曾有過辯論。[11]由此推知，至少名學史和《墨經》的研究，在概念上胡

8 蔡元培，〈序〉，胡適，《中國古代哲學史》，頁一。

9 蔡元培，〈五十年來中國之哲學〉，高平叔編，《蔡元培全集》（北京：中華書局，一九八四）第四卷，頁三八一。

10 馮友蘭，《三松堂自序》，頁二一二。

11 見胡適，〈論墨學〉，收在耿雲志主編，《胡適論爭集》（北京：中國社會科學出版社，一

適當時可以說是領先的。金岳霖於馮友蘭《中國哲學史》審查報告上稱「西洋哲學與名學又非胡先生之所長」種種，[12]就胡適理解的層面，確屬一般常識，固非虛言，但若自羅素（Bertrand Russell）為《先秦名學史》寫的書評所說，胡著的貢獻實填補了西方漢學家對中國古代哲學史的模糊認知，同時由於它的英文書寫流暢，以及對中國古典文獻有確實的了解，相信這是無任何西方漢學家所能夠超越的。[13]我們從羅素的評語看出，至少胡適的哲學水平，在當時而言要撰寫哲學史其實還是足夠的，金岳霖的評語常為人引來譏笑胡適，恐怕也不是很公平的。無論如何，金的西方哲學造詣不可能在羅素之上。

胡適的《中國哲學史大綱》既然已開創學術思想史研究的新天地，那麼又是怎樣繼承下去？這裡則有必要提到傅斯年先生。傅向來以研究古代史著稱，但我以為他不僅對中國古代思想史的研究有著相當高的造詣，而且還超越了他的老師胡適，並且事實上也影響了胡適。胡適後來之所以不再重寫哲學史，部分原因就是接受了傅斯年的觀念。傅的民族情緒是眾所皆知的，他認為「中國哲學」一詞乃日本的「賤製品」，中國從來並無這種西方式「愛智」的哲學，[14]所以始終不贊成用 philosophy 來代替中國的思想。這中間當然有主觀的成見，不過從另一方面來說也不無道理。因為如果把中國學術思想史中相當於「哲學」的部分單獨抽來講，其內容勢必不見精彩。中國的知識論、形上思辯雖不發達，但如果寫中國哲學史也不好完全避而不談。即使再幼稚，也得交代出來，否則便不免有護短之嫌。

事實上，胡適以後的中國哲學史作品也仍然是以西方哲學的某些部分作為去取的標準，從馮友蘭到馬克思主義派都是如此。簡單地說，作者喜愛西方哲學的某部分，所撰出的中國哲學史大概也都反映自己的選擇傾向。這個風氣實由胡適開啟，後來卻更趨於明顯。但是中國學術思想史則不同。因為它的撰寫可以不受

九九八）上卷，頁六八六—六九一。

12 金岳霖，〈審查報告二〉，收在馮友蘭，《中國哲學史》（北京：中華書局，一九六一）下冊，頁七。

13 羅素英文書評收在《胡適的日記》（手稿本）（台北：遠流，一九九〇）第四冊，一九二三年十一月四日條下。

14 傅斯年，〈戰國子家敘論〉，《傅斯年全集》（台北：聯經，一九八〇）第二冊，頁八七—八九。

西方思想框架的限制，較能自由表達中國學術思想傳統的特色。近世最早談論中國學術思想史的可能是梁啟超，他的〈中國學術思想變遷之大勢〉是影響胡適早年的幾篇文章之一，胡便曾在《四十自述》中說，他早年便希望能繼續梁氏中國學術思想史未竟的光榮事業。[15]

《中國哲學史大綱》刊行後，傅斯年對此書並不很恭維。他批評這部書中有許多問題其實不一定是可靠的，例如在《中國古代文學史講義》最後曾提到：根本無所謂「古代哲學中絕」一事，顯然就是針對胡適書中的末章而發。而胡適對此一點也不以為忤，由此可看出當時的自由開放的學術傳統。反對胡氏的見解者很多，像是胡晚年仍堅持的論老子年代先後問題，最先有梁啟超，後則有胡的學生顧頡剛等。其實，傅斯年在〈戰國子家敘論〉裡援引汪中的考證，其立論根據便和梁啟超相同。[16] 胡適認為所有將老子視為孔子之後的學者，都是要維護孔子「萬世師表」的歷史地位，[17] 也就是說，主張孔子在前的學者，其實都具有意識型態而立論。我認為這或許可適用於當時馮友蘭的身上，可是絕不宜用在顧頡剛和傅斯年身上，即用之於梁啟超也嫌不切。胡適在評論諸人對老子年代問題的討論時，傅斯年的〈戰國子家敘論〉還未發表，然而私下流傳，影響層面卻很大，像馮友蘭即為接受傅的看法之人。[18]因此，胡適在許多哲學史方面的具體結論，最後都被他的學生所否決甚至推翻。至於在考證方面，胡適的工作今日是不是還站得住，這裡無法做總結。我只想點明：胡適研究哲學史的這套方法，毋寧是採取一種比較開放式的，如他所說是「一把兩面可割的劍」，[19]只要別人能夠提出堅實的證據來駁倒他，他應該是能欣然接受的。然而，人終究是無法擺脫情緒的動物，儘管胡適平時很理性，可是在老子問題上，無可否認地似乎動了感情。一九二二年梁啟超至北大演講〈評胡適的《中國哲學史大綱》〉時，兩人曾「同台唱戲」，胡則反駁梁說，但事後胡在日記裡說梁的作為「不通人情世故」，[20]可

15 胡適，《四十自述》（台北：遠流，一九九七第十刷），頁五七—五九。
16 傅斯年，〈戰國子家敘論〉，《傅斯年全集》第二冊，頁一二七—一三〇。
17 胡適，《中國古代哲學史．台北版自記》，頁六。
18 馮友蘭，《三松堂自序》，頁二一一。
19 胡適，〈評論近人考據老子年代的方法〉，《胡適文存》（台北：遠東，一九九〇）第四集，頁一〇七。
20 《胡適的日記》（手稿本）第二冊，一九二二年三月五日條。

見正是情緒性的反應。

一九一九年至一九二六年傅斯年先後到英、德國留學，這段期間發揚胡適的方法論，其實是顧頡剛。顧先生最大的成就即在古史辨。古史辨雖以討論古史為範圍，可是其中內容也涉及經學、子學裡辨偽問題，而這也正發揮了《中國哲學史大綱》中辨偽觀念，同時也說明胡適後來考證《紅樓夢》、《水滸傳》演變歷史過程，在辨偽史上具有其重大意義。因此可以說，直到傅斯年歸國前，胡適最信任的大弟子是顧頡剛，而且胡的思想方法論在中國現代學術史上能發生普遍影響，也賴有顧頡剛的古史辨。然而根據顧氏後來臨終前以口述的方式說明與胡適的關係時，曾指出在一九二九年左右，胡的態度已產生轉變。[21]今天我們從顧的女兒顧潮所整理的資料約略可知：顧、胡彼此的關係實愈形疏遠，其中最大的原因便在傅斯年。傅本與顧最熟，古史辨運動開始時傅曾在德國寫信給顧，長達數十頁，表示佩服，認為：

> 頡剛在史學上稱王了，……這事原是別人而不在我的頡剛的話，我或者不免生點嫉妒的意思，吹毛求疵，硬去找爭執的地方；但早晚也是非拜倒不

可。[22]

以傅斯年這種個性極強，兼以領袖慾極高的人，能出此謙語，那是真心話。但嘴裡所說是一回事，傅斯年日後的許多觀點，包括辨偽觀念、重建古史的看法等，無非都是希望能在古史研究上超越顧的成就。[23]至於這是否屬於明確的意識抑或潛意識的驅使，因缺乏材料我們難以證實；但從傅的文章和立論不難發現：其中不少論點顯然是針對顧頡剛的辨偽主張。例如傅以為古代著作觀念與今不同，「偽」的觀念實不適用，這種看法很可能在留德時曾與陳寅恪討論過。陳寅恪在馮友蘭《中國哲學史》的審查報告說「馮君之書，其取用材料，亦具通識」，認為偽材料應另作詮解，還原其真，[24]後來傅斯年也曾以戰國文體著作方

21 顧潮編著，《顧頡剛年譜》（北京：中國社會科學出版社，一九九三），頁一七一。
22 傅斯年，〈與顧頡剛論古史書〉，《傅斯年全集》第四冊，頁四五七—四五八。
23 參見杜正勝，〈從疑古到重建——傅斯年的史學革命及其與胡適、顧頡剛的關係〉，《當代》一一六（一九九五年十二月）：一〇—二九。
24 陳寅恪，〈馮友蘭中國哲學史上冊審查報告書〉，《金明館叢稿二編》（台北：里仁書局，

式為例，為文發覆其義。[25]

歷史語言研究所自一九三〇年代遷至北平後，胡適與傅斯年的關係則漸趨密切，反而和顧頡剛間卻愈來愈遠了。胡適早於一九二六年在法國與傅斯年談話時，還認為顧頡剛勤奮遠在傅之上，[26]可是一九三〇年二月胡對顧的《中國上古史研究講義》中《易傳》一章進行討論，兩人卻產生意見紛歧。[27]後來顧將胡來信收入《古史辨》第三冊，按語稱「適之先生對於我的態度，不免誤會」。[28]一九四七年九月胡適在提名中央研究院院士時，史學界方面只有四人：張元濟、陳垣、陳寅恪、傅斯年，[29]並無顧頡剛。顧後來雖當選，大概是別人提名的，尚待考證。所以一九五四年顧頡剛批判胡適時，也稱彼此的關係已經「枯死」。由此可看出胡適心目中顧、傅兩人身價的轉移。關於胡、傅之間的互相影響，王汎森曾有專文，[30]我這裡只就我所見略述一二，不能詳及。傅斯年自德歸國後的幾項學術見解，後來也為胡適所接受。譬如胡適稱「諸子不出於王官」，駁斥劉歆「王官說」及章炳麟的見解，傅斯年則尋求根據，認為與古代貴族職業有關，後來這項主張即發展成胡適的〈說儒〉。又如胡適《中國哲學史大綱》對古代宗教問題未有深入的討論，傅斯年則特別將中國古代宗教和希伯來部落神的發展連繫起來。傅氏注意古代宗教信仰及其演變，也成為胡適後來撰〈說儒〉一文的張本。所以〈說儒〉有許多觀念的啟發當來自兩人在北平時的討論，不光如胡適所說的受傅〈周東封與殷遺民〉一文影響而已。胡氏為了解決老子年代問題，企圖重申老在孔之前之說，這一宗教史觀點對他是有利的。胡適寫的〈說儒〉也有許多人反對他的說法。像是錢賓四先生便認為胡的看法不能成立。[31]但兩人辯論結果，胡適始終沒有接受錢氏意見，因為他已深信傅斯年在文獻上已解決了許多問

一九八一），頁二四八。

25 參見傅斯年，〈戰國文籍中之篇式書體——一個短記〉，《傅斯年全集》第三冊，頁七三九—七四四。

26 《胡適的日記》（手稿本）第五冊，一九二六年九月五日條。

27 顧潮編著，《顧頡剛年譜》，頁一八〇。

28 胡適，〈論觀象制器的學說書〉附跋，《古史辨》第三冊，頁八八。

29 《胡適的日記》（手稿本）第十五冊，一九四七年五月二十二日條。

30 見王汎森，〈傅斯年對胡適文史觀點的影響〉，《漢學研究》第十四卷第一期（一九九六）：一七七—一九三。

31 錢穆，《八十憶雙親．師友雜憶合刊》（台北：東大，一九九二第三版），頁一四四。

題。從這些地方來看，後來胡適在中國古代思想史研究上，確曾受到傅斯年很大的影響，便如同早年胡適受梁啟超啟發，而晚年梁反為胡所影響一般。換句話說，一九三〇年以後，胡先生非獨在人事方面，就連思想與學術上也漸為傅斯年所影響。

說到傅斯年的學術成就，不能不提《性命古訓辨證》一書。這部論著是他自認為最得意的作品。據傅樂成編的年譜中所載：傅斯年曾以此書提出做為參加中央研究院第一屆院士選舉的著作，[32]由此可視為他自己代表作。它是運用語言學和史學的方法聯合，研究中國思想史的問題，訓釋古代「生」與「性」的關係。[33]但由於書中牽涉到的問題太複雜，文字兼以半文半白的方式表達，事實上解釋得並不十分透徹，因此也獲致許多批評。就我所知，胡適對它並不滿意，[34]徐復觀也對「生」、「性」有著不同的意見。[35]然而我要強調的是：《性命古訓辨證》所採取的語言學研究方法，確實有其特殊之處，絕非只是乾嘉以降訓詁據古義為準的原則為限，因為除此之外還有歷史演變的觀點。所以惟有這兩個方法配合起來看，才能了解傅斯年《性命古訓辨證》在方法論上開創的意義。陳垣在一九四〇年八月十四、十六兩天，連續給長子樂素寫信，第一封稱讚《性命古訓辨證》「多新材料，新解釋，不可不一讀。」第二封說「余閱《性命古訓辨證》，深知余已落伍。」[36]可證此書決非乾嘉舊傳統可以籠罩，因為陳垣走的主要是乾嘉路線。不過從另一方面來說，這本書出版在抗戰時期，後又歷經國共內戰，至少到目前為止，嚴格地說並無產生影響，而且也沒有人續在傅氏的研究基礎上再發展。

究實而論，《性命古訓辨證》不是關於訓詁學的研究，而是一部思想史研究，特別在語言學和歷史學配合起來研究思想史。這一類運用語言學及歷史學，陳寅恪也擅勝場，他有幾篇談「格義」的文章，就是先把名詞訓詁的意義確定，

32 傅樂成，《傅孟真先生年譜》（台北：文星書店，一九六四），頁四六。
33 英時按：最近《郭店楚墓竹簡》（北京：文物出版社，一九九八）出版，其中「性」往往寫作「眚」，與傅的推測不合。
34 見胡適致楊聯陞信（一九五三年九月五日），收在胡適紀念館編，《論學談詩二十年：胡適楊聯陞往來書札》（台北：聯經，一九九八），頁一九四。
35 徐復觀，《中國人性論史》（台北：臺灣商務印書館，一九六九），頁一—一四。
36 見陳智超編注，《陳垣來往書信集》（上海：上海古籍，一九九〇），頁六六一—六六二。

然後再講文獻的哲學意義和歷史脈絡。如關於六祖「傳法偈」問題，經陳寅恪分析偈文內容後，發現其中漏洞百出，[37]便是使用語言學，同時參核歷史學的方法來研究，這對思想史研究的影響極大。此種方法與傅斯年的相通處，極有可能是兩人早年在柏林多年彼此相互影響的結果。再者，傅斯年也將《性命古訓辨證》研究投射歷史到整個中國學術傳統。他在這本書的下卷第二章裡專講宋儒清儒理學，企圖對「宋學」的地位重新估定，實際上均有自己的看法。就此而言，傅在書中其實暗含所謂的「大敘事」（grand narrative），這裡表示著他對中國思想史的整體觀點。

我們過去經常望文生義，認為傅斯年繼承乾嘉「漢學」，所以抱持反對「宋學」的態度，其實不然。他對宋儒有許多同情的了解，這可自《性命古訓辨證》以及其他的書中略知。反觀胡適最為推崇的戴東原，傅對之卻頗有微詞，說東原講學問「求諸六經」，是「求其是」而已，不如「求其古」。[38]就這層意義來說，傅斯年某些深度上，是超越胡適的，因為他涉及的學科範圍很廣，像是對佛洛伊德（Freud）心理學研究，[39]可以看出早年曾下過功夫。

胡適和傅斯年在中國學術思想史領域上各闢蹊徑。胡適是以一般性的哲學史方法論發揮完成《中國哲學史大綱》，傅斯年的《性命古訓辨證》則開創了用語言學加上歷史演變的觀點來解釋古代思想。這兩條路後來的發展際遇殊異。胡在《中國哲學史大綱》的方法論可以說有許多人曾先後嘗試，但最後卻也都離開它，甚至有人步上以馬克思主義為主或其他哲學理論來重建中國哲學史之路。這是研究現代中國學術思想史，特別在現代新學術建立時一個很重要的關鍵。至於〈說儒〉因受傅斯年影響，觸及更深度的宗教和歷史問題。這些問題較具啟發性。

大概說來，胡、傅最早都持有現代所謂啟蒙理性心態，從理性觀點解釋中國古代思想。像傅先生所講的「人文主義的黎明」，即是這樣的觀念。現在研究《論語》和孔子的學者，都認為中國歷史到孔子時強調人的價值或人的發現，其實是套用希臘哲學史上所謂「人文」的看法。這裡可能形成過分理性的解釋，將

37 陳寅恪，〈禪宗六祖傳法偈之分析〉，《金明館叢稿二編》，頁一六六—一七〇。
38 傅斯年，《性命古訓辨證》，《傅斯年全集》第二冊，頁五〇一。
39 參見傅斯年，〈心理分析導引〉，《傅斯年全集》第四冊，頁二一二—二五二。

古人的看法都過於理性化，甚至以為《論語》內理性的部分均視為孔子所賦予新的意義，至於無法解釋的地方則採取懷疑或推測的態度。但在胡適〈說儒〉和傅斯年《性命古訓辨證》中，則又開啟另一較深刻的觀察，從宗教上認識了古人非理性的心理層面。其中所引的材料，今天看來涵義很豐富，甚至他們自己也未必完全自覺到，其中大有重新發掘的餘地。《性命古訓辨證》中許多觀點可以改變我們過去對傅的取向的誤會：即他並非胡適所謂「一分證據說一分話」，其實大量運用想像力，最顯著的例證是他在書中講「天」，頗多推測性質。但若非如此，傅絕無法寫出這樣深具豐富想像力的書。甚至胡適的〈說儒〉也是靠想像力來填補證據的不足。胡和傅並沒有完全停留在「五四」的實證主義階段，不過在正式主張方面沒有轉向而已。

最後我還要指出：中央研究院歷史語言研究所因與胡、傅二位先生有著密切淵源的關係，發展出一套對於古代思想史新的研究方法。當然這方法後來也產生變化：胡適並非一直停留在《中國哲學史大綱》的方法論，而傅斯年也因和顧頡剛有著某種良性積極的競爭，發展出重建古史的看法及觀念。所以這是中央研究院歷史語言研究所在中國古代思想史研究領域的一種特殊貢獻。

（原載《古今論衡》第三期，一九九九年十二月）

輯三

張學良的政治世界

早年以「少帥」名聞中外的張學良將軍逝世了。這一個月來，也許因為注意力全部為恐怖主義占去了，我竟未在美國新聞媒體中看到任何報導。承《聯合報》下問，要我對這位在中國現代史上發生過關鍵作用的人物發表一點感想，所以匆匆寫下這篇文字，聊為知人論世之一助。首先必須聲明：我對於張學良和他所經歷的一些重大歷史事件都沒有特別的研究，我所憑藉祇是一個同時代的人就見聞所及對他的一些認識而已。我也不願意輕易對他下道德判斷，衡量他一生的功過，因為這是後世史家的事。同時代的人總免不了情感的偏向，兼以原始史料尚未齊備，下筆決難公允。但是我也無意完全掩飾我的偏見，不過儘量把它壓縮

到無足輕重的地位而已。二〇〇一年十月十六日余英時記

兩則軼事 一窺少帥世界

張學良一生做了兩件大事：第一是一九二八年十二月二十一日東北「易幟」，表面上完成了國民政府的統一。第二是一九三六年十二月十二日發動了「西安事變」。兩者相較，後一事的重要性遠為重要，因為它確確實實改變了二十世紀中國的歷史行程。他為什麼能做出這兩件大事呢？這便非對他的出身和為人稍有認識不可。我恰好記得《胡適日記》中有關於張作霖、學良父子的軼事兩則。檢出重讀，果然既可信，又生動。讓我先把這兩個故事介紹出來，再談其他。

一九三四年二月十一日，胡適在從南京回北平的火車上遇到追隨張學良的王化一和盧乃賡，敘述了張氏父子的往事，原文如下：

張漢卿（按：學良的字）手下的人，王卓然、王子文、王化一，皆可算是正派的人，Donald（按：即端納〔William Henry Donald〕）護持他最多。餘

人多是「陪他玩」而已。

王化一說：漢卿最近對他談一事：他說他的公館樓梯下大保險櫃內有兩件東西，最不能忘。一件是日本議員床次（竹二郎）收到漢卿捐助選舉運動費五十萬元的收條。一件是一塊袁頭的銀元。床次運動費本為一百萬元，先付五十萬元，許定如得政，當有某種政策上的變更，後因他選舉失敗，故其餘五十萬元未付。

那塊銀元是漢卿決定殺楊宇霆的關鍵。他恨楊跋扈，決心要殺他，但終不忍下手。一夜，他在臥室內，籌思不決，忽取銀元卜之，暗視袁頭向上則殺楊，向下則不殺。三擲，袁頭皆向上，他不覺淚下。他的夫人于鳳至很詫異，問他所以，他說，他要殺一個人，三卜皆贊成殺，故傷心淚下。她說，殺人是大事，不可過信卜卦。她取銀元也試卜之，兩次皆袁頭向上，第三次銀元落在床上，她向床頭一看，也下淚了，因為這回也是袁頭在上。殺楊之計就決定了。事後漢卿把這塊銀元封在保險箱內，外人無知者。

楊宇霆若不死，東北四省必不會如此輕易失掉。（按：一九三三年三月四日，日本軍隊攻占了熱河承德，張學良也因此辭去軍事委員會北平分會代委員長之職。所以胡適有此評語。）

盧乃賡說，張作霖對人常作醜罵。但對王永江、楊宇霆從來不說一句粗話。有一次，他和楊宇霆爭論一件事，他氣了，說了「媽的」兩個字，楊宇霆站起來說，「你罵誰？」張作霖立刻作揖陪罪，說，「這是咯的口頭話，一個不留心溜出來了，敢是罵誰！」

這個故事很美。盧、王兩君又談一個故事。張作霖初任王永江為警務處長，王要求全權用人，不受軍人干涉。張答應了他，王就用全力改革全省警政，設高等警官學校，一切學日本的警政組織。其時軍人中如馮麟閣，如湯玉麟，皆是老張的綠林弟兄，都不服氣，常薦人給王，王永江一概不用。他們大氣，常和他搗亂。王不得已，直告老張。有一次會議席上，老張提出此事，說王某人用心要辦好警察，大家不許亂薦人。湯玉麟綽號「大虎」，在席上發言攻擊王永江，老張大怒，當眾大罵他。湯大怒退席，即謀舉兵作亂。老張穩住了張景惠與張作相（其時他們還是團長，湯是旅長），兵變不曾發生；然已鬧到全城戒嚴，機關槍架在南關，王永江辭職往大連。湯玉麟就脫離奉天，跑到新民一帶作匪，年餘不歸。但老張終把王永江請回來，全權讓他做警政的改革。

湯玉麟做一年多的匪，老張屢次叫他回去，他總不肯回去。有一次老張生日演戲，有一齣「古城相會」（按：《三國演義》中關羽會張飛的故事）。老張看了，忽然下淚，眾人問故，他說，「人家兄弟失散了還能相會，咯的弟兄一去就不回來了！」有人把這話傳給老湯，老湯大感動，就跑回來了。

老張寧願自己的老弟兄造反，而不肯減輕他對王永江的信任，這是他最不可及之處。

這兩則軼聞都近於第一手史料，殺楊宇霆的經過更是張學良親口講出來的。我認為這兩個有趣而又流傳未廣的故事，不失為進入張學良的政治世界的一道側門。

張作霖出身「綠林」（東北人稱之為「鬍子」），而且是其中出類拔萃的好漢。這一類的人物，如果從柳下跖算起，在中國至少已有兩千五六百年的歷史；他們在亂世往往能人顯身手。隋末所謂「山東豪傑」與兩宋之際所謂「群盜」，皆其類。以文化系統言，他們屬於「俠」的傳統，與「儒」的傳統頗相鑿枘，雖然二者之間在歷史的長流中也不免互相影響。誠如莊子所云，「盜亦有道」，他們在人際關係上講義氣，重情感，一諾千金；雖未必人人都做得到，但至少這是他們共同的價值取向。

草莽英雄？紈袴公子？

張學良是作霖長子，他出生與成長的時期，父親已「改邪歸正」，成為獨霸一方的「東北王」；在民初所謂「軍閥」時代，屬於「奉系」。因此他初出道時的社會形象簡直就是一個現代化的「紈袴公子哥」，歌舞徵逐，豔聞頻傳。在私生活上確有此一面，但這不是他的政治本質。就基本價值取向說，他所內化的仍是從父親那裡耳濡目染得來的一套。這在他一生重大的政治行動中表現得清清楚楚，殺楊宇霆如此，東北「易幟」如此，西安事變也仍然如此。

無論說他是「草莽英雄」也好，「紈袴公子」也好，總之，他接觸到的現代世界是非常表面的。時勢和環境一度把他推到中國政治舞台的中心，逼使他扮演了一個很重要的角色，但他卻祇能用傳統「俠」文化中的某些手段應付一切。因此就我所見到的二十世紀中國學人、政客對他的追憶文字而言，幾乎沒有一人作過正面的評價。姑舉兩例說明。蕭公權在一九二九—一九三〇年任教東北大學，曾參加過張學良的教授宴。據他觀察，「張少帥」不是一個具有特殊才智或崇高理想的人，而毋寧一個「紈袴子」或「昏小子」（按：俗文學中作「渾小子」）。他還說出一個鮮為人知的真事：「少帥」一見林徽因便「十分傾倒」，立即要請她去作家庭教師，嚇得梁思成夫婦等課程一結束便匆忙離開了東北，這才使「佳人已屬沙陀利」的悲劇沒有重演現代版。第二件軼事是左舜生提供的。他在一九三二年淞滬「一二八」抗日期間，曾與一群上海代表到北平去見張學良，希望得到他的支持。在談話中有人問他：如果日本進兵華北，他怎麼辦？他竟大聲回答：「我在這裡，那個小子敢來！」左舜生出門後不禁尋思：「張學良在中國歷史上究竟是何等人？安祿山嗎？不像；李存勖嗎？也不像。」這不過是我所見到的許多記載的兩個而已。我們不能排除蕭、左兩人可能仍有傳統士大夫對武夫的偏見，正如劉巴瞧不起張飛一樣，「如何與兵子語乎？」但是此二例已足夠證明他確不是一個具有現代頭腦的人，絕對應付不了一九三〇年代中國那個複雜萬端的政治局面。

如果說現代思潮對張學良有任何影響的話，我想民族主義大概是唯一的例外。但他的民族主義是有個人背景的。一九二八年六月他的父親從北京退回奉天，在皇姑屯被日本軍方炸死了，他和日本有不共戴天之仇。六個月後東北宣布「易幟」自然與此事有莫大的關係。「易幟」對於當時南京政府而言，自然是頭等大事，但事後看來祇有象徵意義。張學良既不能與日本合作，南京政府事實上已是他當時唯一可能的選擇。何況三年後東北即為日本奪去，「統一」云云不過是一時幻象而已。張學良的民族主義主要還是表現在西安事變這一驚天動地的舉動之中。

自晚清以來，民族主義便已成為中國政治史的原動力。一九一九年五月四日的學生運動（狹義的「五四」）則標誌著知識界和一般市民階層的民族主義已進入普遍自覺的新階段。「五四」學生運動最響亮的一個口號是「外抗強權」，這是針對著所謂「列強」（即後來所謂帝國主義國家）而提出的，日本當時即首當其衝。從此以後，每一次民族主義高潮必有特定的「列強」為其具體的對象。大致說來，一九二〇年代的主要對象是英國，一九三〇年代則轉向日本，而以一九三一年的「九一八」事件為其轉捩點。張學良對於「五四」以後民族主義的整體動向究竟有沒有較全面的認識與認同，尚待進一步研究。但「九一八」是他的切膚之痛，必然深入他的識田之中，則是可以斷言的。所以一九三〇年代日益高漲的抗日救國運動對他發生愈來愈深刻的刺激。「九一八」事件中，他下令軍隊不得抵抗，因而落得一個「不抵抗將軍」的綽號。馬君武仿李商隱的「那管東師入瀋陽」的詩句從此流傳人口。其實「不抵抗」並不是他的決定，他是奉蔣介石之命而行。這一決策的是非不是此處所能討論得了的，姑且不論。他甘願代人受過，不自表白，這未嘗不是「俠義」精神的一種表現。但是這口氣他卻無論如何也嚥不下去，總想找個機會洗刷此恥。這便埋伏了西安兵諫的導火線。

他的民族主義　就是抗日

正好在這個關鍵時刻，中共為了死裡求生，展開了大規模的「抗日」宣傳。最著名的一九三五年十二月九日北平大學生的反日運動（史稱「一二九運動」）便是中共在華北的地下黨（劉少奇領導的）策劃組織的，現在已有當事人（如高文華，北方局書記、如陸璀，清華的地下黨員）在回憶錄中證實了。中共個別黨員中當然也有不少是抱著民族主義激情入黨的，但中共作為一個集體則必須擁護蘇聯，服從史達林第三國際的最後決定。（這是蔣介石獲得生還的主要原因。）

正由於許多個別黨員有真正的民族意識，中共以抗日為中心的「統戰」工作才發揮了巨大效力。蔣介石在一九三五年十月將張學良和他的東北軍調至西安「剿匪」。恰好送給中共一個最理想的「統戰」對象。不到幾個月，東北軍被俘的軍官便被中共的「抗日」說服了，最後張本人也變成了中共的精神俘虜，在西安事變爆發前，他不但早已停止「剿匪」，而且還提供中共彈藥、金錢種種援助。我看過一九八〇年代中共編製的《西安事變》電視劇，其中張學良和周恩來在天主教堂初見的一幕最為傳神。周一開始便背誦張所寫的一首〈抗日詩〉，張自己既感動又陶醉。這雖是虛構，但實有根據。可見周對他的性格早已摸得一清二楚，而他對中共則不免一片模糊，以致在衝動之下立即要求加入共產黨。這是大陸上學人最近報導出來的，大概不是空穴來風。事實上西安事變期間，傅斯年在〈討賊中之大路〉裡引過梁思永一句話：「張學良若是加入了共產黨，也不過和加入一個運動會一樣。」這真是一語破的，可知張學良不具備現代的政治觀念是人人都看得見的。他如何能與機智百出、玲瓏剔透的周恩來打交道？所以分析到最後，張學良雖受過現代民族主義的衝擊，但他本人對民族主義的理解則異常狹窄，其實際內容大概不出「抗日」兩字。對於他而言，日本是三重複雜情感的混合體，即殺父之「仇」、奪地之「恨」、和不抵抗之「恥」。這才是他發動兵諫的深層動機。

事變過程　不失好漢風格

在整個西安事變的戲劇化過程中，他的前後表演都不失綠林好漢的風格。他殺楊宇霆前曾以袁頭銀元卜卦，不知兵諫前他也曾有過類似的動作否？無論如何，他在事後親送蔣介石回南京，的確出乎人意料之外。其實這和他決定殺楊宇霆之後又淚流滿面，是屬於同一類的情感，即所謂「江湖義氣」。一九三七年一月初傅斯年有一封信給蔣夢麟、胡適和周炳琳，報告事變內幕。其中提到此事說：

張之隨蔣出也，是其自動。蔣謂：何必，張堅謂同來。

傅的評語說：

此是此賊之有能力處。

可見傅斯年一面感到意外，一面也佩服他的膽識。其實我們如果記得他在一九三五年當場擒獲刺汪精衛的兇手一事，對這件事也就不會感到特別驚訝了。汪和張一向關係不好，但這年十月底國民黨中央黨部在南京開會，一個扮著攝影記者的人竟當眾向汪開槍行刺，祇有張學良一人奮不顧身，躍出捉住了兇手。這是不假思索的行動，也是他真性情的流露。

西安事變解救了中共瀕於滅亡的大危機。一九三六年時中共僅據有陝北幾個貧瘠的縣，人口不到五十萬，一度曾考慮再度他竄，若不是張學良暗中支援於前，又兵諫於後，則它的命運如何，誰也不敢下斷語。林彪據說曾提出過「紅旗還能打多久？」的疑問。毛澤東在一九七二年當面向日本首相感謝日本皇軍幫助了他的「革命」。第二位大恩人則非張學良莫屬，這已是改變不了的歷史定案。但張學良本人在當時決不可能夢想到，他的兵諫竟能造成這樣天翻地覆的大變動。關於這一點，我記得他在〈西安事變反省錄〉中已有過明確的表示。

怎樣評價「西安事變」？在目前思想極端分歧的中國人之間勢必因政治立

場、文化立場、甚至經濟立場之異而各有不同。這祇能留給百年以後的人去論斷，現在沒有涉及的必要。無論評價如何，我們都不能不把西安事變和張學良個人分別開來。西安事變是歷史長流中一個大浪潮，其前因後果都複雜萬端，張學良則不過是一個「弄潮兒」罷了。他之所以能「弄潮」自然和他的家世淵源、時代背景、心理狀態以及特殊性格等有密切的關聯，但是潮水之興起和流向都遠非他所能控制的。一句話，他祇能對自己因「弄潮」而沒頂負責，作為個人，他並沒有掀起這場漫天巨浪的神通。

（原載《聯合報》，二〇〇一年十月十八日）

是歷史的推動者還是弄潮兒？

——張學良與西安事變探微

張學良死後，我曾應台北《聯合報》之邀，寫了一篇〈張學良的政治世界〉（十月十八日刊於第九版）。該文基本上是一個歷史觀察，不涉及他的功過是非。現在承《明報月刊》之約，要我談談對於張學良的看法，我仍然只能從同一觀點，略述他在二十世紀上半葉所扮演的歷史角色。本文的主旨與〈政治世界〉先後一貫，不過重點與取材略有轉移而已。

張學良成為一個獨立的政治軍事力量始於一九二八年六月四日，即他的父親張作霖在皇姑屯被日軍炸死的那一天；他的政治生命終結於一九三六年十二月二十五日，即他護送蔣介石離開西安的那一天。所以嚴格地說，張學良在政治舞台上活躍的時間前後不過八年半。在這八年半中，他做了兩件大事：第一是一九二八年十二月二十一日宣布東北接受南京國民政府的統一領導，懸掛青天白日旗；第二則是一九三六年十二月十二日發動「西安事變」。第一件事奠定了他以後八年的政治和軍事方面的顯赫地位，第二件事更為重要，不但已成為他在二十世紀中國所留下的唯一標記，而且也直接影響了歷史的行程。

今天我們一提及「西安事變」必想到張學良，反之亦然，似乎張學良其人與「西安事變」其事已合而為一，再也分不開了。其實這是一個絕對經不起分析的錯誤看法，儘管它已普遍存在於一般人的心中，牢不可破。「西安事變」是一個非常複雜的歷史事件，有其遠源，也有其近因，決不是張學良所能一手造成的。他雖然在這一事件中充當了發難者的角色，但認真分析起來不過是「萬事俱備」之後的一陣「東風」，掀起了一場大火而已。在這篇短論中，我的重點完全放在張學良這位歷史人物的身上，其中涉及「西安事變」這一歷史事件的地方，也仍然是從他這個人的立場出發。自孟子以來，中國人便有所謂「知人論世」之說，此文則以「知人」為主，稍稍推及「論世」，因此對「西安事變」不作深入的檢討。現在公私檔案都未齊備，兼以政治恩怨與好惡仍支配著執筆者的價值取向，「西安事變」的史學研究還不能真正開始。這也是我避免對「西安事變」下任何整體性斷語的一個重要原因。

少帥傾慕林徽因

張學良在一九二八至一九三六年間雖然是擁有重兵的軍事領袖，對東北軍內的人事任命可以完全自作主張，但是他的地位並不是建立在自己的戰功上面。事實上他一生並沒有什麼足以誇耀的戰功可說。唯一的一次是一九二四年第二次奉直戰爭時在山海關挫敗了吳佩孚。但那是馮玉祥在熱河前線暗通奉系、臨陣倒戈的結果，在戰史上是微不足道的。為什麼一個沒有赫赫戰功的青年人竟能成為雄霸一方的軍事領袖呢？這當然因為他是張作霖的長子，一出道便以「少帥」聞名於世。一九二九年是張學良「風華正茂」的時代，當時他兼任東北大學的校長。其時蕭公權恰在該校任教，寫了下面一段印象記，可以代表同時代的學人對他的認識：

開學不久，校長設宴款待新到的教授，約請各院長、系主任和一部分舊教授作陪。這是一個場面不小的宴會。張學良和他的夫人于鳳至都在座。從他的言談舉止可以看出「張少帥」不是一個具有特殊才智或崇高理想的人。……他襲「張大帥」的餘蔭，遇著「時勢造英雄」的機會，成了東北的風雲人物。其實他根本上是一個「紈袴子」，也是一個「昏（渾）小子」。這從他若干人所周知的行動可以推斷。有一件很少人知道的事，也可以作為他品性的寫真。當我在東北任教時，梁思成、林徽音〔因〕夫婦也在那裡任教授。「少帥」見了這位女教授十分傾倒，囑人向她致意，請她做家庭教師。她婉詞謝絕，等到課務結束，立即同著丈夫離開東北。（見《問學諫往錄》，頁九五—九六）

胡適提醒漢卿存敬慎之心

蕭先生是與現實政治絕無關涉的純粹學人，他所留下的是第一手的史料，即使不能全免於偏見，至少可以使我們看到張學良的一個側面。說他「襲『張大帥』的餘蔭」，則是無可爭辯的客觀事實。一九三〇年十月二十七日胡適從天津到上海的船上有一則日記，可以與蕭公權的記述互相印證：

船上有所感觸，寫了一長信與張漢卿，即托何君（世禮）轉寄去。信中大意說，他機會太好，責任太大，不可不存敬慎之心，不可不把一些根本問題細細籌慮過。凡執事不敬，未有不敗亡的，信有九頁，不到二千字。（見《胡適日記》第十冊）

胡、張訂交甚早，以後也一直保持著友好關係，至「西安事變」為止。信中「機會太好」一語即指其襲父「餘蔭」，要他「存敬慎之心」正是表示對他很不放心。「執事不敬，未有不敗亡的」，簡直是不幸而「談言微中」了。

我寫此文極力避免對張學良作價值判斷，所以儘量引用原始資料。這些資料中原已夾雜了主觀意見，我自然無法為之隱諱，但仍願意予以較客觀的解釋。下面我便要接著說明：為什麼在蕭公權眼中他是一個「紈袴子」、「昏小子」？為什麼胡適很早便覺得他不夠「敬慎」？要說明這一點，必須從他的家世背景談起。不但他的地位是「世襲」的，他的早年教養更是「世襲」的。換句話說，他和蕭、胡等受過現代文明洗禮的高級知識人處於完全不同的「生活世界」之中。

張作霖的武化背景影響兒子

他的父親張作霖本是東北的「馬賊」出身，當地人稱之為「紅鬍子」。據東北人的傳說，「馬賊」往往以紅巾蒙面或以紅巾圍頸，遂有此稱號。東北漢人大半是來自山東的墾民，其中也有不少是山東的「響馬」。隋、唐之際的所謂「山東豪傑」大概便是他們的遠源。演義小說和京劇中的「秦瓊賣馬」即是一例；秦瓊（叔寶）正是山東歷城人。傳說清初抗清的山東好漢便曾落草為寇，潛伏東北山中。這些傳說今天自然無法證實，但「紅鬍子」在一九〇〇年後因俄兵進占東北時開始大為活躍，則是盡人皆知的事實。他們奪得滿清官兵的槍枝，與「老毛子」（俄人）相周旋。一九〇五年日俄戰爭後，他們的勢力更擴大了，以致清廷的地方官也不得不招撫他們，以維持地方秩序。張作霖、湯玉麟等首領便是在這種情況下被收編的。（以上所述，本之「東北人的回憶」，見李璜《學鈍室回憶錄》，頁一七七—一七八）

毫無疑問，張作霖所繼承的是中國民間「俠盜」的傳統，他們一方面有反抗異族的精神，另一方面在人際關係上則講義氣，重然諾。他們的道德意識並非來自儒、釋、道的上層文化，而毋寧受民間俠義文化的感染極深。《三國演義》、《水滸傳》中的故事是他們所最熟悉的。他們不一定人人都能讀小說，但戲台上演的有關《三國》、《水滸》的故事則無人不知。張作霖有一次和他的結義兄弟湯玉麟鬧翻了，老湯入山作匪，一年多都不肯回奉天。老張過生日演了一齣關羽與張飛「古城相會」的戲，他看了感動得流淚，說：「人家的兄弟失散了還能相會，咱的弟兄一去就不回來了！」老湯聽見了，就立刻回來了（見《胡適日記》第十一冊，一九三四年二月十一日條）。這就是張作霖的文化背景。更正確一點，應該說是「武化背景」。韓非早就指出：「儒以文亂法，俠以武犯禁。」張作霖父子與現代知識人的基本分歧也在這裡。張學良從小耳濡目染的當然是他父親「生活世界」中的一套價值觀念。他雖然出生在二十世紀，其實並沒有受到現代思想的洗禮。《明報月刊》上一期之宇〈懷張學良將軍〉一文提供了一條很重要的證據。張學良自己寫道：「我平生喜歡兩句詩，『大夢誰先覺，平生余自知』，人家來揣測，不如我自己來分析。」（二〇〇一年十一月號，頁二五）

這兩句詩便出於《三國演義》中諸葛亮之口（見第三十八回）。原詩是「大夢誰先覺，平生我自知」。他誤記「我」為「余」，以致平仄不叶。這是無意中說的話，卻透露出他是從小讀《三國演義》長大的，和他父親受「古城相會」的感動來自同一價值系統。這是他的真背景，因為價值內化以先入為主，早年所吸收的東西必然排斥成年後所接觸到的知識與思想。他一生有許多戲劇性的舉動，如殺楊宇霆、當場抓住刺汪精衛的兇手、護送蔣介石出險，無一不可溯源到中國的「俠義」傳統。「西安事變」中的「捉放蔣」又何嘗不可看作《三國演義》中「捉放曹」的現代版？

義氣與意氣用事只差一步

我們必須首先認識到他這種「草莽英雄」的背景，然後才能理解他和「西安事變」的關係。「草莽英雄」崇尚「義氣」，由「義氣」轉為「意氣用事」不過是一步之遙，這也是「莽」字的確詁。他們的情感遠超過理智，而且往往使個人之間的恩仇成為決定行動的主要因素，還有一個特徵也是我們在古今「草莽英雄」的身上常能發現的，即所謂「好漢做事好漢當」的氣概，在過去共產黨人的語言中，這叫做「個人英雄主義」。上述這些「草莽英雄」的特有氣質在張學良的一生行事中處處都可以獲得印證，不必一一舉例說明了。前引蕭公權說他是「昏小子」，胡適嫌他不夠「敬慎」，就某種意義說，多少也反映了「儒」文化與「俠」文化之間的現代隔閡。

胡適以現代政治領袖的標準期待他，要他「把一些根本問題細細籌慮過」，這等於要他在文化上進行「脫胎換骨」的大轉換，這是根本不可能的事。他的「草莽英雄」氣質，表現在某些具體行動上，未嘗沒有可資欣賞之處。但二十世紀的中國政治世界充滿著雲譎波詭，人心更是機詐百出，遠非傳統時代所能夢見。這不但是「草莽英雄」所無法應付得了的世界，而且「草莽英雄」的基本氣質在這個世界中幾乎一一變成了負擔，而適予人以可乘之機。張學良的悲劇根源便潛伏於此。但是我必須趕緊補充一句，我這樣說並不是將張學良的性格予以簡單化，認為他除了「草莽」氣質之外別無其他精神憑藉。事實上，他不但自己以「聰明」自負，而且蔣介石也對他下了「漢卿小事聰明，大事糊塗」的評語。這種「聰明」當然也包括了政治機智與權謀，否則他也不可能計殺楊宇霆，坐穩父親留下來的位子。他信任英人端納為政治顧問，又聘用學者王卓然為他主編一種外交月刊，這更表示他有意了解現代國際政治。我的論點只是要強調：在他必須採取重大行動的關鍵時刻，如發動「西安事變」，發揮著決定性作用的則仍然是早年所內化的價值意識，中年以後所接觸到的新觀念和新知識似乎完全沒有派上用場。

就張學良個人而言，「西安事變」的遠因不僅是一九三一年的「九一八」事變，而且更應上溯至一九二八年日本軍方炸死張作霖。日俄戰爭期間，張作霖還是「紅鬍子」，因得日本將官田中義一之助，很快地發展成一股重要的勢力。但從「馬賊」一變而為地方首領之後，他與日本人之間的摩擦也愈來愈嚴重。一九二八年時日本的關東軍在東北已是氣焰萬丈，他們決意除去張作霖這個絆腳石，因而有皇姑屯炸專車之舉。他們的最初算盤是借此事件進而全面奪取東三省。但其時日本首相恰好是田中義一，他事先既不知情，事後又受天皇與反對黨議員的責難，逼他徹查禍首。關東軍的如意算盤因此落空了。但查案事也受阻於軍部，終於導致田中內閣的解散。（見 Marius B. Jansen, *The Making of Modern Japan*, Harvard University Press, 2000，頁五二四—五二六）張學良繼位不久便歸順中央，當然與此事關係至大，因為他比父親更堅決反日了。三年後的「九一八」仍然是關東軍以先斬後奏的方式製造出來的，這是謀殺張作霖事件的延續和完成，這使日本政府不得不承認既成事實。

「九一八」在張學良心靈中所造成的鉅創深痛更是不能磨滅的。一九三一年九月十八日關東軍發動瀋陽事變時，國民黨中央正處於嚴重的分裂階段，以胡漢民為首的元老在廣州形成了一個有力的反蔣中心。胡漢民堅持非蔣介石下野，不考慮來南京商議團結禦外的問題。蔣介石既不能有效行使中樞的職權，自然只能指示張學良不作抵抗，以免擴大為全面衝突。（關於蔣對張學良的具體指示，至今尚未見原始檔案，但《陳布雷回憶錄》所記大體可信，見頁八四—六）一九三二年十月下旬，張學良曾對運動東北軍部下出關參加義勇軍的李璜說過下面的一段話：

在「九一八」之後，我知道朋友們都不諒解我，我的苦衷也不必一定要求人諒解。但你們在北平與平東組織義勇軍，這種精神，我是佩服的。雖有人向我告密，說你們勾結我的軍官學生很多，我知道得很清楚，我也未曾干涉過你們。因為我是東北人，我的父親又為日本人所炸死，我豈有不恨日本人之理！我一樣要抗日雪恥，但你們要原諒我的處境，與你們不同；我上有長

官，他主張隱忍，我只得服從。我的心事是與你們一樣的，不過我有所等待，而你們迫不及待罷了！（《學鈍室回憶錄》頁一九〇）

不曾申辯「不抵抗將軍」惡名

這番話雖出事後追記，但我相信是很可靠的，因為與當時形勢和張學良的心情一一吻合。東三省之失，全國上下的責難首先都集矢於張學良一身，他因此贏得一個「不抵抗將軍」的惡名。這在他自然是奇恥大辱，但他從未公開為自己洗刷過。我們與其說他能守軍人的本分，毋寧說這是他「俠義」精神的一種表現。他可以代人受過，不作辯白，但無論如何也嚥不下「不抵抗」之恥。這是他發動「西安事變」的深層心理的原因之一。

張學良在《西安事變懺悔錄》中曾直接談到周恩來在這一事件中的作用。他有以下幾句話：

西安事變，差不多他（按：周恩來）負責任比我大。

實際上西安事變全是周的主持。周恩來是老狐狸。（見之宇〈懷張學良將軍〉一文所引，《明報月刊》二〇〇一年十一月號，頁二七）

這些話極耐人尋味，使我們不能不略略回顧一下他和共產黨的關係。張作霖極端反共，李大釗便是他在北京時殺掉的，張學良最初自然也是反共的。但他早年的反共不過是人云亦云，對共產國際與中共，無論是理論或實踐，都沒有真正的認識。一九三五年中共困在陝北，兵力不過一萬多人，所控制的人口則不到五十萬，已到了支撐為難的境地，林彪「紅旗還能打多久」的疑問便是在此時提出的。為了突破困境，中共開始改變策略，對當時中國民族主義的力量作有計畫的運用。中共早期黨員中富於民族意識的人本不在少數，這一轉變可以說是很自然的。但由於他們必須首先忠於以蘇聯為中心的「國際主義」，民族意識一直在受著壓抑。一九三〇年代中期恰好史達林想利用中國牽制日本，紓解蘇聯在亞洲的壓力，因此極力想促成中國與日本開戰。一九三五年八月一日王明在莫斯科發表著名的「八一宣言」，提出「抗日救國」的主張，表示中共願意與蔣介石以外任何抗日的力量合作。王明的「宣言」必曾得到共產國際的認可，這是可以斷言的。一九三五年年底中共中央政治局會議便接受了「八一宣言」為中共中央的正式文件（見陳永發《中國共產革命七十年》，台北：聯經，一九九八，上冊頁二九八—二九九。資料來源出於中共所編《第二次國共合作的形成》，北京：中共黨史資料出版社，一九八九，頁五五—六〇）。所以從一九三五年年底起，中共便在全國展開了抗日宣傳活動。這一年十二月九日北平大學生的反日示威（史稱「一二九運動」）便是中共華北地下組織一手策劃而成的（見當時北方局書記高文華〈一九三五年前後北方局的情況〉，《中共黨史資料》，北京：中共中央黨校出版社，一九八二，頁一八四—一八八；陸璀，清華地下黨員，《晨星集》，北京：人民日報社，一九九五，頁七、一九）。另一方面，也在一九三五年底，中共不但與楊虎城的西北軍達成了「互不侵犯」、「互通有無」的口頭協定，而且還特別成立了「東北軍工作委員會」，專門做東北軍的統戰工作（見陳永發，前引書，頁二九九—三〇〇）。恰好一九三五年十月蔣介石調張學良和東北軍到西安「剿匪」，這便埋下了「西安事變」的火種。

「英雄好漢」性格被摸透

只有弄清楚中共在一九三五年改變了「革命路線」這一背景，我們才能懂得為什麼張學良會在幾十年後寫下上引關於周恩來的評語。在大陸《西安事變》電視劇中，曾有一幕描寫周、張初晤面的鏡頭。周恩來當面背誦張學良所寫的一首〈抗日詩〉，「少帥」則是滿臉既驚訝又陶然的神情。這也許是虛構，但比真實還要真實，因為它抓住了張學良「入彀」的要害。周恩來早將張學良「英雄」、「好漢」的性格摸得一清二楚。今天回顧起來，至少有三點是很明顯的：第一，張學良反日的民族情緒是極其強烈的，我們可以說他的民族主義內容徹頭徹尾便是「抗日」兩個字。對於他來說，日本是三重複雜情感的混合體，即殺父之「仇」、奪地之「恨」、與「不抵抗」之「恥」。一九三二年青年黨的李璜便曾用「抗日」說動了他，最後他竟肯任用「一二八」抗日名將翁照垣（青年黨員）為師長，帶領一師人去長城作「義勇軍」（見《學鈍室回憶錄》第十一章）。一九三六年周恩來當然更容易用「抗日」兩字誘他「入彀」了。第二，周恩來也看準了他的「個人英雄主義」的性格。因此在一開始談判時便表示要成立「西北大聯合」，奉他為盟主；如果蔣介石拒絕和日本打仗，便由他出面領導「抗日」軍隊，東北軍、西北軍和共軍都受他節制。第三，「西安事變」爆發後，中共已奉到第三國際的指示，要「聯蔣抗日」，而不是「反蔣抗日」。史達林是一個現實主義者，知道只有蔣才有實力與日本打仗，所以堅決主張放蔣回去。周恩來在事變後來到西安，便負有釋蔣的使命，但也必須逼蔣停止內戰，槍口一致對準日本。他深知張對蔣有個人的情義（即張輓蔣聯語中所謂「情同骨肉」），這一使命的完成更非從張的身上下手不可。

張學良具有豪俠的衝勁，當時一一落入周恩來的算中。但他畢竟是「聰明人」，事後回想，自然識破了周的老謀深算，此所以《懺悔錄》中說「西安事變」的責任主要在周，又說他是「老狐狸」也。只有張學良的最後一個舉動出乎周的意料之外，即親自護送蔣介石飛洛陽、轉南京。「西安事變」雖已告一段落，張學良畢竟還大有剩餘的利用價值，周恩來是十分不願他就此撒手而去的。但上面已指出，這是他的「俠義」精神在暗中發揮作用，縱使是「老狐狸」也難免有失算的時候。

當時人們同情蔣介石

我已聲明在先，本文不能全面檢討「西安事變」。但僅就上引當時的資料，包括《懺悔錄》在內，問題已清楚地展現在我們的面前：張學良表面上雖是「西安事變」的發動者，實際上他像是一個「弄潮兒」捲在漫天巨浪之中，完全身不由己。他的家世背景和早年形成的價值取向，注定了他在二十世紀上半葉的中國政治舞臺上演出一幕悲劇，如此而已。「西安事變」在當時的反響究竟如何？今天未曾接觸過原始史料的人大概是很難想像的。以國內而言，除了中共及左派同路人歡欣鼓舞之外，輿論是一面倒地譴責。當時的報紙仍在，不難覆按。如果說輿論是公開表態，不足為憑，那麼我要請讀者去翻翻一九三六年十二月十三日的私人日記，如胡適的和吳宓的，現在都已出版了。（《吳宓日記》第六冊十二月十三日至十七日在文化大革命中被撕去批判，但吳宓的感想仍然留下了清晰的痕跡）。當時一般人的同情在蔣介石一邊，而不在張學良一邊，這是無可否認的。下面姑引一段陳獨秀在南京獄中與一班政治犯的反應作為具體說明。當時同在獄中的政治犯濮清泉（陳獨秀的表弟）回憶說：

一九三六年十二月十二日發生了「西安事變」，震動全國。監獄中聽到蔣介石被張學良、楊虎城扣在西安，莫不喜形於色，歡聲雷動。……過了十多天，我們在夢中被爆竹驚醒，南京全城一夜放個不停。我們很詫異，還不到春節嘛，往年就是春節，也沒有放過這樣多的爆竹。第二天起來，才知道蔣介石被放回南京了。我和陳獨秀都感惘然。他又一次像兒童一樣發出奇談。他說：「看起來蔣介石的統治，是相當穩固的，不像我們分析的那樣脆弱。」我們問：根據何在？他說：從爆竹聲中，可以聽出，他有群眾基礎。我們說：天呀，爆竹是警察下命令放的嘛。他說下命令放的，最多只能放個把小時，昨天放了一夜，能說是命令的作用嗎？我看南京的人民，是相當擁護他的。（見鄭學稼《陳獨秀傳》，台北：時報文化，一九八九，下冊，頁九五一—九五二，引濮清泉〈我所知道的陳獨秀〉）

我想這一段記事可以說明一切了。至於國外的反響，最突出的是共產國際的電報指示，不但嚴厲譴責「西安事變」，而且痛罵張學良是「親日漢奸」（這是近來中共所編有關「西安事變」的多種資料所共同揭示的，見陳永發，前引書，頁三〇八，注二七所引），這對於張學良更是一個完全意外的沉重打擊。

主和者未必是「賣國漢奸」

怎樣評估「西安事變」在中國史上的位置？今天遠遠不到可以平心靜氣加以討論的階段，姑置不論。但是由於幾十年來的政治宣傳，有一個牢不可破的觀念已普遍存在於中國人的心中，即當時高喊立即「抗日」的必是「愛國英雄」，稍存猶豫的則必是「賣國漢奸」。這是一個最簡單的二分法，雖然可以發揮政治上的威力，卻未必與歷史事實完全相符。讓我舉一個具體的例子作為反證。《吳宓日記》一九三七年七月十四日條記：

晚飯後，與陳寅恪散步。寅恪謂中國之人，下愚而上詐。此次事變，結果必為屈服。華北與中央皆無志抵抗。且抵抗必亡國，屈服乃上策。保全華南，悉心備戰；將來或可逐漸恢復，至少中國尚可偏安苟存。一戰則全局覆沒，而中國永亡矣云云。寅恪之意勝敗繫於科學技術與器械軍力，而民氣士氣所補實微。況中國之人心士氣亦虛驕怯懦而極不可恃耶！（第六冊，頁一六八—一六九）

七月二十一日條又記：

寅恪仍持前論，一力主和。謂戰則亡國，和可偏安，徐圖恢復。（同上，頁一七四）

陳寅恪不是「賣國漢奸」已由他後來在香港拒與日人往來，而完全證實了。「九一八」後五日，他曾有信與胡適，說：

以四十春悠久之歲月，至今日僅贏得一「不抵抗」主義，誦尊作既竟，不知涕泗之何從也。（見《胡適日記》第十冊，一九三一年九月十九日條所附墨跡）

他的愛國情懷在此數語中顯露無遺，然而他此時其實是主「和」而不主「戰」。在一九三二年四月所刊布的〈高鴻中明清和議條陳殘本跋〉便是有感於「九一八」之作。他責備崇禎帝「劫於外廷之論，不敢毅然自任」，以致和議無成。他沉痛地指出：

> 夫明之季年，外見迫於遼東；內受困於張〔獻忠〕、李〔自成〕，養百萬之兵，糜億兆之費，財盡而兵轉增，兵多而民愈困。觀其與清人先後應對之方，則既不能力戰，又不敢言和，成一不戰不和，亦戰亦和之局，卒坐是以亡其國。（見《金明館叢稿二編》，頁一三一）

他借古喻今，主張南京政府與日本公開交涉，與當時胡適的主張竟然不謀而合。可證「和」是他的一貫主張。一九四五年日本投降似乎事後證明陳寅恪的悲觀是錯誤的，其實這究竟算不算是中國的「抗戰勝利」，將來歷史學家恐怕還有爭辯的餘地。從某一角度看，八年抗戰不過是未來更大規模內戰的準備時期；毛澤東在一九七二年向日本首相「感謝皇軍」幫助了中國的「革命」，確不失為一句老實話。

往事已矣，不必再多說。但陳寅恪的例子至少提醒我們，高唱「戰」的未必真是「愛國」，主張「和」的也未必全是無心肝的「漢奸」。民族主義的浪潮可以發揮奪取政權的妙用，但仍然不能永遠淹沒歷史的真實。

（原載《明報月刊》第四三二期，二〇〇一年十二月）

日本的侵略改變了中國的命運

今年是中國抗日戰爭勝利的五十週年，同時又是第一次中日戰爭（一八九四—一八九五）的一百週年，所以今年的「七七」是一個特別值得紀念的日子。我願意借這個機會回顧一下八年抗戰（一九三七—一九四五）在中國現代史上的意義。

一九三七年七月七日開始的中國抗戰當然不是中日衝突的發端，而是十九世紀末葉以來日本侵略中國的大戰略中的最後一幕。我首先要指出，中國近代外患的始作俑者雖然是西方帝國主義，但是直接威脅中國生存的則一直是近鄰日本。自明治維新成功以後，日本為了尋求富國強兵的資源，師法西方，很快轉化為一個帝國主義的國家。從一八八〇年代到一九三〇年代，日本逐步實現其在東亞大陸擴張霸權和領土的大戰略：第一步是朝鮮半島，第二步是中國的東北（所謂「滿洲」），第三步是華北，最後則是整個中國。這一戰略當然不是少數人在一時一地具體擬定的，但通觀這六、七十年的日本史，這一大戰略顯然支配著他的政治和外交政策。

甲午戰爭激發中國變法與革命

甲午戰爭之後，日本不但在朝鮮取代了中國的地位（當時還有俄國與日本在朝鮮爭霸），而且還奪取了台灣。這是日本大戰略演出的序幕，而同時也是中國大變動的開始。中國在甲午戰爭以前已經歷了很多次西方帝國主義入侵的屈辱，最著名的如一八四〇年的鴉片戰爭、如一八六〇年英、法聯軍攻入北京。但這些重大的挫辱都遠遠不及甲午之敗給予整個中國的震動之深而大。我們可以說，從一八九五年始，中國民族主義的意識與情感才全面爆發了。正是由於高昂的民族主義，中國知識階層中最敏感的分子才開創了以下變法和革命的歷史。康有為便是在馬關條件簽訂（一八九五年四月十七日）之後，糾合了一千二百名在北京會試的舉人向清廷「公車上書」的。這是變法維新運動的前奏曲。孫中山創建興中會，並第一次在廣州圖謀革命，也發生在甲午戰爭的時期。所以我要特別強調，對百年來中國歷史發展起著最直接、最強烈、最深刻的影響的是日本的擴張政策。甲午戰爭為我們提供了最早的一個史例。此後中國史上幾個最劇烈的變動階段也無不直接導源於日本擴張的大戰略。民國四年日本向中國提出的「二十一條」造成了袁世凱的稱帝；民國八年巴黎和會日本要求占有青島更直接引發了「五四」運動。我們必須認清日本向中國擴張的大戰略，然後才能懂得七七抗戰是具有長期的歷史根源的。一九三七年七月七日在盧溝橋發生的武裝衝突決不是一個偶然的「事件」。

對日抗戰應從九一八事變算起

中國的抗戰（或第二次中日戰爭），嚴格地說，也不能從七七算起，至少要上溯到一九三一年的「九一八」。胡適任駐美大使期間在美國各地講演，常常強調中日戰爭始於一九三一，而不是一九三七。他甚至認為「九一八」才是第二次世界大戰正式開始的一天。如果從世界史的而不是歐洲中心的觀點說，胡適的看法是完全正確的。無論如何，「七七」確是「九一八」的直接延續，如果把這兩次日本在中國的武力擴張孤立起來，我們便不可能了解中國為什麼在一九三七年不得不奮起抗戰了。

日本的長期大戰略是在東亞大陸上建立絕對的霸權。一九〇五年日俄戰爭之後，朝鮮半島已落入日本的掌握之中；五年之後朝鮮更淪為日本的殖民地。大戰略的下一個目標自然便指向中國的東北。而且日俄之戰是在東北進行的，日本在此役中死了十萬人。因此在一般日本人的意識中，所謂「滿洲」好像已與日本有特殊的關係；日本軍方為了與俄國對抗，更重視這個地區的戰略位置。自併吞朝鮮以後，日本便全力向東北滲透，至「九一八」前夕，日本籍人士（大多數是日籍朝鮮人）在東北的人數已超過一百萬，日人在華投資東北一地即占百分之七十五以上（南滿鐵路是其中最大的項目）。一九二八年國民黨北伐成功，張學良也在年底宣布易幟，東北正式統一於中華民國。這是日本駐東北的關東軍所最不能容忍的。因此不到三年便有「九一八」之舉，毫無忌憚地用武力占領了整個東北。

第二次大戰後，日本的檔案逐漸公開，史學專家已證明所謂「九一八事變」

是日本駐軍有計畫地製造出來的，而且這批日本在東北的軍官先斬後奏，強迫日本內閣追認既成的事實。這裡有必要略微提及一九三〇年代日本政治社會形勢的重要改變。從「九一八」到「七七」這段時期，日本的軍方在政治上的比重陡然升高了，內閣中的外交政策幾乎完全由軍方決定。與此同時，日本社會上狂熱的民族擴張分子也極為活躍，與軍方的躍躍欲試互相激勵。甚至日本漢學界對於中國歷代「征服王朝」（遼、金、元、清）的研究也大為加強了。抱有征服中國的野心的日本軍人，尤其對於滿清如何征服明朝的過程感到莫大的興趣。晚明遺老顧祖禹所寫的一部軍事地理的著作——《讀史方輿紀要》——也特別受到日本漢學界的重視。

九一八是日軍刻意製造的事變

這一轉變——特別是軍人控制外交——恰好發生在一九三〇年前後，從此日本武力侵略中國便成為一個無可避免的結局了。一九二七年國民革命軍打到了南京，三月二十四日曾發生攻擊日本領事館，並打傷日本人的事件。日本幣原外相當時否決了許多在華日人提出的武力干涉的強烈要求。這正是因為此時日本外交決策的大權尚未落入軍方的掌握，但一九三〇年以後的日本政府便完全失去這種自制的能力了。（一九二八年的濟南慘案和炸死張作霖都出於日本在華軍官的專擅，但軍方干涉外交於此已見端倪。）

國民政府在北伐後造成了民國以來第一次全國統一的局面。雖然許多地方的勢力依然存在，但至少表面上中國已接受了一個共同的政治、社會和經濟的秩序。這應該是中國進入建設的一個最好的時機。然而不幸得很，日本便在同一時間走上了軍國主義的不歸路。研究日本現代史的人大致都認為，明治維新以後，日本國內一直有兩種互相衝突、互相平衡的勢力。一方面是政黨和議會政治的傾向，另一方面則是軍國主義的極權傾向。但軍國主義在一九三〇年代的全面抬頭最後打破了這一均勢，侵略並征服中國竟成為日本的基本國策。日本軍國主義決不讓中國從容建設，變成一個有自衛力量的現代國家。所以從「九一八」到「七七」，日本步步緊逼，八年抗戰終於無可避免。

七七前的十年中國邁向現代化

今天中外史學家的深入研究已大致得到一個共同接受的看法，即從北伐統一到「七七」（一九二八—一九三七）這十年之間，中國不但有建國的機會，而且也確實取得了若干現代化的成績。國民政府奠都南京以後，中央和地方各層行政組織都在逐漸演進，至少提供了一個可以運作的現代架構。國民黨自一九二四年改組後，採用了蘇聯「一黨專政」的模式，對現代行政系統造成嚴重的干擾，更引起知識教育界的普遍不滿。不過「九一八」之後，南京政府也表現了一定程度的尊重專家的意向，因此吸收了不少學術界的人才（包括科學家），參加建設的工作。在國防建設方面，南京設立了一個由各行專家組成的國防設計委員會（後來發展為資源委員會）。胡適在一九三四年二月二日訪問該會後，在《日記》中寫道：「這兩年會中所做各項調查，甚使我滿意。」一九三〇年以後，高等教育的突飛猛進尤為當時一件大事。北方的北大、清華、南開，南方的交大、中央大學、武漢大學、中山大學、浙江大學等都各有重要的學術貢獻。後來世界知名的中國科學家和人文學家、社會科學家中，很多都是出身於這些國立大學的師生。

抗日壓力來自大城市新興力量

從社會變遷上看，中國中產階級的逐漸成長和傳統民間社會向現代公民社會的過渡也是現代化的重要方面。自清末以來，大城市已開始有現代工商業的組織出現，如全國商會數目的不斷增長便是一個顯著的標誌。報紙雜誌的輿論力量也一天天地強大起來。一九一九年的「五四」運動便曾得到上海、北京、天津等大城市工商業者的支持。現代型知識分子團體更是異常活躍。這些新的社會力量遠起於北伐之前，但在國民黨的南京時代仍繼續進展。一九三〇年代國民黨政府所承受的抗日壓力主要來自大城市中的新興社會力量。「七七」以後成立的第一屆國民參政會便具有高度的社會代表性，國民黨雖號稱「一黨專政」卻並不能悍然不顧這些社會力量。丁文江曾說「國民黨的專制是假的」。這句話指出了國民黨的一個重大弱點，即在於它並無專制的社會基礎而偏偏要想壟斷全國的政治權力，因此失去了中產階級和許多知識分子的同情。然而在抗戰前夕，知識界和城市人民一般而言還是對南京政府寄以期望的。姑舉兩個最具代表性的例子：第一、聞一多在一九三六年暑假訪問河南之後，回到清華對學生說：「我這次路經洛陽時，才覺得在那裡政府是有一點準備，和北平所見的不同，因此我們不能對政府完全失望。」（見《聞一多全集・年譜》）第二是蔣介石在西安事變後回到南京，市民放了一整夜的爆竹。陳獨秀在獄中聽見了，對同囚的共產黨人說：

「看起來蔣介石的統治是相當穩固的，不像我們分析的那樣脆弱。」有人駁他說，這是警察下命令放的。他說：「下命令放的，最多只能放個把小時，昨天放了一夜，能說是命令的作用嗎？我看南京的人民，是相當擁護他的」。（見鄭學稼《陳獨秀傳》下冊，頁九五二）

以上簡要的說明是參用史學界最近的研究成果和第一手資料得來的。由此可知一九三〇年代是中國走向現代化的一個百年難遇的時機。然而日本軍方一九三七年七月七日在盧溝橋藉端動武，逼得中國走上了八年抗戰的一條路，以致剛剛開始的一點現代化建設，包括政府的和民間的，全部毀於戰火。這真是所謂「火延崑崗，玉石俱焚。」但「七七」又是「九一八」的直接延伸，因為東北既失，華北便首當其衝，成為日本軍國主義的侵略對象。不但如此，也由於東北既失，張學良的東北軍才移駐陝西，因而又引出了西安事變，抗日戰爭更提前爆發了。從一九三七年上海的「八一三」開始，國民黨訓練了好幾年的新式軍隊在正面抗日的幾個戰役中差不多犧牲光了。以後逐次添補的新兵則愈來愈沒有作戰的能力。經過了八年抗戰，國民黨不但在軍事上銳氣盡失，政治上和經濟上更是一天一天地走下坡路。相反地，中共則利用抗戰的機會到處建立根據地，從被消滅的邊緣走向全面的發展。一九三七年時中共軍隊只有幾萬人，但到了一九四五年時已擴張到九十萬以上。只此一端便可知誰是八年抗戰的真正獲益者了。所以一九七二年九月毛澤東會見日本首相田中角榮時說，日本毋須對侵華一事道歉，因為中共的勝利正是由於得到了日本侵略的「幫忙」（見李志綏《毛澤東私人醫生回憶錄》，英文本，頁五六八），費正清在他最後一部著作中，寫下了以下一段總結：

日本侵華令中共得以敗部復活

如果不是日本摧毀性的侵略，南京政府大概可以逐漸引導中國走上現代化的途徑。然而事實是抗日卻給予毛澤東和中共以機會，使他們得以在農村建立起一個新的專制權力，並排除了在國民黨治下正在發展中的城市公民社會的因素。在戰爭狀態下，中共建立起一個以階級鬥爭為綱的新型中國。二十世紀中國的革命派已準備好要對有三千年歷史的階級結構進行攻擊並加以重整了。（John king Fairbank，*China: A New History*，Harvard University Press,

1992, P.311）

這段話大致可以概括七七抗戰怎樣根本改變了中國的命運。

「兩個中國」始自中共和毛澤東

但歷史並未終結：中華民國今天仍然存在。是誰使中國一分為二呢？我們可以毫不遲疑地說：是毛澤東和中共。「兩個中國」的現狀是中共一手製造出來的。早在江西時代，中共便已在中華民國之內另成立一個「農工共和國」，一九三五年又改稱為「人民共和國」（見毛澤東〈論反對日本帝國主義的策略〉一文，《毛澤東選集》第一冊）。抗戰期間，中共為了統戰的需要，自然不能不稍加掩飾。但是在中共的許多正式文獻中，他們稱自己為「中國解放區」，而稱中華民國政令所及的地區為「國民黨統治區」。（見毛澤東〈論聯合政府〉，《選集》卷二）一九四五年四月二十三日毛澤東在中共七大的開幕會上更提出了〈兩個中國之命運〉的說法。他指出中國有兩個，一個是「光明的中國，中國人民得到解放的新中國」，另一個是「老中國」。（《選集》卷三）毛澤東在這裡故意含混其辭。他好像是說兩個《中國之命運》，但實際上是指中國已分為兩個。不用說，「解放區」當然代表著「新中國」，但「國民黨統治區」則是「老中國」了。抗戰時代的毛澤東無論在筆下或心中都沒有中華民國的存在，這是因為他早在一九三五年就製造了另一個「人民共和國」了。《毛澤東選集》的編註說：毛澤東同志在這裡提出的人民共和國的政權性質及其各項政策，在抗日戰爭期間，已經在共產黨領導下的人民解放區完全實現了。……隨著戰爭的進展，人民解放區逐步擴張到了全中國，這樣就出現了統一的中華人民共和國。（《選集》卷一，頁一五二，注二八）所以，毫無可疑，所謂「中華人民共和國」並非始於一九四九年；他的正式提出早在一九三五年，而他的初步實現則在抗戰時期。所以我們必須說，毛澤東和中共是「兩個中國」——中華民國和中華人民共和國——的始作俑者。這又是七七抗戰在中國現代史上所造成的另一個直接的後果。

如何統一考驗兩岸政權的智慧

最後我更要指出，中華民國在台灣也是由於七七抗戰而出現的歷史事實。這裡有反面與正面兩層原因：反面的是上文所分析的，抗戰使中共起死回生，並在中華民國之外製造出另一個「人民共和國」。這個「人民共和國」因國民政府的腐敗和弱化而不斷擴大，終於在一九四九年把中華民國逼到了台灣地區。正面是由於中國人的八年浴血苦戰，台灣在割讓給日本五十年之後，終於重歸中國的版圖。根據一九四三年十二月一日中、美、英三國的聯合宣言和一九四五年七月二十五日的《波茨坦宣言》，一切日本從中國奪走的領土，包括台灣在內，都必須歸還中華民國（Republic of China）。一九五〇年一月五日美國杜魯門總統在一項正式聲明中，又重申此說。那時已在中共公開宣布其「中華人民共和國」成立之後，但杜魯門所用的仍是「中華民國」的字樣。一九七二年美國與中共的「上海公報」也僅含混地說台灣是「中國」的一部分，並未承認台灣屬於「中華人民共和國」。中華民國在台灣和澎湖恢復行使主權早始於一九四五年，至今未曾中斷。而且開羅與波茨坦的宣言也是不可能改變的歷史事實。中共既自外於中華民國，自一九三五年起便另建「人民共和國」，無論在事實或法理上他都沒有根據宣稱對台灣擁有主權。中國誠然只有一個，但不幸事實上卻早已分成了兩個政權並擁有兩個國號。我相信中國將來必然歸於統一。但怎樣統一？何時統一？在什麼條件下統一？那就要看海峽兩岸的政權能不能憑著理性、智慧以及實事求是的態度，去尋求妥善的解決之道了。

（原載《中國時報》，一九九五年七月五日）

代結語

世紀交替中的中國知識分子

——東西史學大師余英時、史景遷跨世紀對談

余英時（以下簡稱余）：過去一百年來，中國多集中於研究西方的科技及文化，以期能藉以建設一個富強的中國。而史景遷教授數十年來孜孜不倦地研究中國歷史與文化，治學範圍從十六世紀到現代中國，都有深入的研究，並出版多本有關中國文化歷史的書籍如《康熙自畫像》、《王氏之死》及《近代中

國之追尋》等，極受西方社會歡迎。你的研究及筆下的西方人眼中的中國印象，頗值得我們參考。現在就請你就今天對談的話題「一八九八年至一九八九年——世紀交替中的中國知識分子」先起個頭。

史景遷（以下簡稱史）：一八九八年的戊戌變法可以是一個有趣的開始，中國大陸及美國的學者都對戊戌變法十分感興趣，耶魯大學最近還特別舉辦了一次研討會。在一股一八九八年的研究風潮中，西方史學研究者也開始重新思考中國歷史事件，不只是看到戊戌變法的失敗或清朝的滅亡，而開始研究自晚清起中國實際已開始推動的政治結構改革。

二十世紀初年，滿清政府在中國知識分子的支持下，開始推動改革，每個省都有類似西方民主的諮議局及有限的地方選舉，其改革的幅度不深亦不廣，因為教育並不普及，但畢竟是一個重要的始點，這個地方選舉的活動，一直延續到民國初年。一九一三年，中國知識分子甚至比西方人還早就開始討論在議會中選出女性代表的可能性。

清朝當權派的抗拒，是當時改革難以成功的主因。根據西方學者羅傑·湯普遜（Roger Thompson）研究中國改革的一個成功個案，是晚清的山西省成功地建立了地方議會（諮議局），並積極從事公共衛生、地下水道及警察制度等建立，這是中國地方士紳明顯脫離中央控制的一個鮮活實例。繼之，不少會館及同鄉會等傳統組織亦各自設立其公共衛生制度。儒家士大夫似乎不願接受一切由中央規劃的統一體制。

而一九〇六年至一九一四年（編者按：袁世凱稱帝）的這段時期，更有一些正面的發展值得歷史學家好好研究。一九一二年的全國國會選舉是一個令人鼓舞的進展，但是積極推動建立國民黨組織化及政黨制度的宋教仁卻不幸被人暗殺，其因並未被清楚了解，但與當時國民黨有意限制行政力量、增加立法及司法權力，及有人認為與宋教仁太有野心都有關係。但宋的被暗殺更反映政黨間緊張關係及政府和國會如何共存的問題。

袁世凱其實是中國民族主義者

史：另外，如果我們可以接受「鄧小平思想」這個詞語，是不是也可說有一個「袁世凱思想」？美國學者楊格（Ernest P. Young）曾研究袁世凱，並著書稱袁其實是一位「中國民族主義者」，只是，他主張中央化的政府並非正確的方向，他在軍事上及政治上建立一己的政治勢力，亦非正確的抉擇。但袁世凱也自有他一套想法。

另一個值得注意的中國知識分子，是戊戌變法中的譚嗣同。過去學者研究的對象多為康有為兄弟、梁啟超，其實，譚嗣同是一位有代表性的思想家。他在宣揚中國民族主義的同時，把佛教的觀念納入中國價值體系；他注重佛教，並且要求政治改革。

余：談到這裡，我們已經觸及近代中國變革的兩種類型。清末到民初的立憲運動，代表由下而上的逐漸改革；譚嗣同則可列入「革命型」了，他有「革命非流血遍地不可」的說法。譚嗣同是中國近代史上激進主義的先鋒，他在戊戌變法時選擇死亡做一位烈士，其激進思想不只反映他的反清，還與其個人家庭有關：其後母給予他的痛苦，使他對儒家的價值體系進行廣泛的批判。他主張打倒三綱五常，而成為中國近代革命的原型。

譚嗣同並自中國傳統中吸收許多非儒家思想——如佛家的慈悲，他的著作《仁學》中的「仁」，即包括了佛教的仁慈，而不只限於儒教的仁。他用「以太」釋仁。梁啟超曾說，譚嗣同早年不知有周公孔子，這種說法不一定正確，但譚的確吸收不少非儒家的思想。

去年二月，我曾在香港《二十一世紀》雜誌上發表文章，明白地對晚清改革和中共「改革」做一類比。在明末，國家面臨危機時，朱家皇室是相當孤立的，沒有什麼支持的力量。但清末除了愛新覺羅皇室外，還有五百萬滿族的八旗等制度在支持它，因此，除了遇到危機，知識分子面臨的是「保大清」還是「保中國」的矛盾，這個滿族便類似現代的「黨組織」。

一九八九年天安門事件，中國共產黨也面臨同樣的狀況，鄧小平曾說過，中國就是「中國共產黨統治的新中國」，如果你不愛中國共產黨統治的中國，你愛哪個中國。「大清」和「中國」之間，可能劃等號；那麼「共產黨領導的新中國」是不是可以和「中國」之間劃上等號？

我們要了解清末，就應好好研究慈禧太后，不應把她視為邪惡之人。她行政能力及學習能力都相當強，早在咸豐去世前，就學會如何處理政事。

天安門事件後，大陸上有許多人稱鄧小平為慈禧，稱趙紫陽為光緒。雖然趙比光緒更是強有作為，但如果沒有鄧，就沒有趙。這相當於皇太后和兒皇帝之間的關係。史學家孟森曾說，從朋友在火車上親眼見聞，慈禧拿筷子，光緒才拿起筷子；慈禧放下筷子，光緒也立刻放下筷子。並據朝鮮實錄中的記載，乾隆退位後，他與嘉慶的關係和慈禧與光緒一樣。乾隆笑，嘉慶才笑，乾隆生氣，嘉慶也跟著生氣。這是太上皇與兒皇帝之間的關係，先後如出一轍。

而趙紫陽曾對外國客人說，他並無獨立的想法，只是跟著鄧小平的路線走。這都是歷史上許多有趣的平行現象。

現在我想請問史教授一個問題，在一九一一年至一九一二年的南北和議後，孫中山先生退位，袁世凱出任總統，當時也有人對中國的前途感到相當樂觀，他們欣喜中國可以就此轉變為現代的中國，不需再流更多的血。你對此的看法如何？

史：這個問題相當複雜。我們或可藉幾位知識分子來觀察此一問題，梁啟超和林長民（梁的長媳林徽因之父），他們在這段時期都曾表明對中國未感絕望，但是曾在日本住過許久的梁啟超及在倫敦、紐約都待過的林長民，他們都是具有國際觀的知識分子，究竟會如何看待一個國家元首用暗殺除去最大政黨的政敵，如此國家還有共和政體可言嗎？他們會覺得這個政體有希望嗎？

袁世凱死後的大事件是五四運動，我們談談五四吧。若從一九一〇年往下看，五四運動的意義其實並未如一般人所說的這麼重要。塑造五四運動的因子很多，五四只是歷史演進的一個結果。現在許多學者研究五四都一再往前追溯，有至一九一二年左右的年輕知識分子如陳獨秀，我們暫且忘卻他後來是一位共產主義的信徒，在他參與的由章士釗創辦的《甲寅》雜誌中，就可發現許多中國年輕知識分子試圖了解中國所處的環境，他們在思想及心靈上的奮鬥多是發生在留學日本期間。另外，日本用漢語鑄造有關現代事務的漢語詞彙，更對中國產生相當大的影響。

因此，從長期的觀點來看，因二十一條不平等條約及凡爾賽和約引發的五四事件，產生的反日情緒應只是突發事件。五四運動的圖像相當複雜，我們對五四的剖析，不應只強調單一因子。

我年輕時有幸跟隨房兆楹研究胡適。胡適所做的紅學研究，著實令我感到敬佩，他是一位史學分析家，卻能認真地將中國傳統文學與滿洲文化做一完美的連接，可見胡適在五四運動中的反傳統主張只是他的思想的一部分。

五四運動與反傳統說法的掛鉤，其實與中國共產黨的宣傳及與五四的淵源有關。但這對五四運動及對中國共產黨的研究都不一定很恰當。

余：一九九四年，在蔣經國基金會的贊助下，學界曾在捷克布拉格舉辦五四研討會。

史：這是說蔣經國基金會有意助捷克重振漢學傳統？

余：是的。那個研討會的目的在重新檢視五四運動。我曾為文主張五四「既非文藝復興也非啟蒙運動」。五四運動可以自不同觀點來理解。

毛崇拜胡適注意問題少談主義

若自共產黨的觀點來研究「五四」，魯迅就比胡適更重要，陳獨秀也是一個重要人物。胡適只能算是右翼。胡適在五四時代最佩服的學者是王國維，一九二六年他在英國演講時也提到梁漱溟的《東西文化及其哲學》。梁漱溟也應說是五四成果的一部分。

五四時代知識分子就像共產革命前夕的俄國知識分子，整天在變。有人指出，當時俄國知識分子早上是自由主義者，中午是布爾什維克的共產主義者，一會兒又變成斯拉夫民族主義者。陳獨秀最早崇拜的是俾斯麥統治的德國，後來又崇拜美國的杜威，最後變成共產主義的信徒。這是中國知識分子在大動盪的時代為自己關心的問題尋找出路的足跡。

史：毛澤東也是。

余：對的，毛澤東原本最崇拜的是胡適，在胡適與李大釗就有關問題與主義的辯論中，毛是站在胡的這邊，認為應注意問題少談主義；而共產黨史學家卻說毛站在李這邊，最近中國大陸的學者已指出此一錯誤。一九八〇年代「開放」以來，一些大陸學者——如李澤厚更認為若戊戌政變能夠成功，中國可以避免日後的所有革命。這似乎顯示五四思想已走完了的第一個循環，又回到戊戌維新前後的改良主義軌道上來了。

大陸知識分子已自激進主義轉變為漸進的改革者，即使在美的大陸民運人士亦極少提倡「革命」。如史學家王賡武發表的一篇英文文章所說，現在中國的問題是如何去「改革革命」（To reform a revolution）。

共產黨與中國文化

王必成董事長問：我想提個問題，為什麼中國共產黨是如此地殘酷折磨甚至殺害自己的人民，讓中國人長期生活在痛苦中？這可能與中國文化有關嗎？

史：這是一個很難回答的問題。或許有人會爭辯這與中國共產黨內部的極端化發展有關，另一個重要的因素是我和余教授剛才都談到的，民國初年中國社會在心靈上及國際觀上都面臨一個急劇的變化，造成內部社會制度的崩潰。

中國共產黨不少早期的黨員在入黨後半年至一年就離開，他們對和緩的社會改革充滿期望，並希望見到中國共產黨對馬克思主義的社會批判，卻未見到列寧組織性的改革。

中國領導人以一己之私控制黨的機制，內部雖然有人挑戰，但無人能與毛澤東相匹敵，使得毛澤東得以大權在握。同樣的情況也發生在國民黨內部，造成中國社會的大災難。但因目前——至少在西方並沒有人嚴謹地為孫中山、蔣介石及毛澤東三人的一生立傳，我們難以如拼圖般將各種情況拼湊出一個完整的圖像。

余：史景遷教授很謹慎，他指出的是歷史背景方面的情形。讓我稍作引申。首先，我想說明，我們所感覺的中共殘酷對待自己的人民，在中共的觀念裡也許根本不存在。像地主、富農、右派、資產階級分子、反動派、壞分子等等名目，都是中共片面決定的關於人的分類，憑什麼「成分」為各種人如此定性，只有中共自己知道，我們無法了解。但無論如何，一旦你被定性於以上任何一類，你已不是「人民」了。鎮壓這些「類」分子（如「黑五類」）根本是千該萬該的事，談不上是殘殺自己的「人民」。「紅色高棉」的波布政權屠殺了兩百萬人——全國的四分之一——仍然理直氣壯。波布便是毛澤東的信徒。一九五六年匈牙利事件，毛便說，東歐兄弟國家的「階級鬥爭」沒有搞好，所以才發生反共暴動。總之，「階級敵人」不是人民，愈殺得乾淨愈好。

第二、中共所根據是一種「科學真理」，也就是「階級鬥爭」，非如此不能實現共產主義的最高理想。這很合乎戴震所謂「以理殺人」。

第三、我們必須懂得俄國十月革命的歷史，才能理解中共，特別是毛澤東的作為。名史家派普斯（Richard Pipes）在幾年前發表的《俄國革命》兩大冊專著，利用了新出現的檔案史料，把列寧的殘酷寫得十分生動，列寧式的黨組織是大規模剷除「階級敵人」（如俄國的富農〔Kulaks〕）的最銳利的武器。派普斯所寫關於蘇維埃「恐怖統治」的一章，與中共「革命」後所作所為如出一轍。中共是完全師法列寧、史達林的，只有細節方面因中國社會不同而有小異而已。

第四、以中國而言，十九世紀下半葉以來，帝國主義入侵，使原以為「天朝」的中國變成了列強凌辱的對象，這口氣無論如何嚥不下去，非立即轉弱為強不可。這是中國知識分子追求「速變」、「全變」（康有為語）的開始。毛澤東便繼承了這一想法，並推之至於最高限度。一九四九年以後的中國災難主要是他一個人的浪漫設想造成的。他的祕書李銳寫毛的一生及晚年錯誤，對這一方面有具體而可靠的報導。

共產黨的權力結構是金字塔式，上面必有一個大權集於一手的最高領袖發號施令。這樣權力是傳統專制政治所望塵莫及的。所以毛手中的大權遠非過去中國的皇帝所能夢見。毛一旦要實現他的革命浪漫主義的想法，全國大災難便立即到來了。從反右、大躍進到文化大革命都是如此。但這些問題確實太複雜，一言難盡。

基督教傳入　近代中國又多了一個國際觀

史：另一個對近代中國有相當大影響的因素是基督教新教的傳入。晚清在福建地區的中國知識分子中，如福建諮議局代表中有相當多的基督徒，經由基督教建立起的人際網絡，成為繼中國過去傳統同鄉、同族及師生關係後，一個新的個人政治勢力網絡。

近代中國在新起的中國民族主義、地方主義外，又多了一項基督徒的國際觀。當清末改革失敗後，清廷決定限制地方自治的進度，積極自治的省分都極力抗拒，不願將諮議局的角色限於顧問機構。其中排拒最早及反應最為激烈的要屬福建諮議局。

清朝的基督徒經由西方教會，學會傳統中國人缺少的團體討論及公開辯論的技巧，訓練年輕人公開表達自己的意見，成立聚會所，有組織地在公開場所唱歌，從聖歌到愛國歌曲，日後更學會舉旗、遊行等活動與觀念。

基督教的儀式就在這種大規模活動中進行，但因清廷法律禁止大規模集會，中國基督徒便改為小型祈禱會，並將此聚會的觀念轉移到其他用途上。

基督教的傳入與臨海的福建和東南亞各地因商務往來有著密切關係。活躍在東南亞的福建生意人，將海外生機活潑的社會訊息帶回中國，他們因為在東南亞及香港的外國帝國殖民地致富，這些經驗使他們認真思考法律及憲政的問題，而這些問題也是近十年來台灣及香港多所辯論的問題。

反纏足倡導：清末基督教對社會的重大影響

余：除去史教授對利瑪竇和洪秀全「上帝的中國兒子」所做的研究外，在戊戌變法前後傳教士對中國社會的批評也很重要。基督教影響中國一般知識分子的實例，有上海的西方傳教士如傅蘭雅（John Fryer）對譚嗣同的思想影響，他們與基督教接觸而了解世界知識。王國維曾作過分析。清末基督教對中國社會最重要的一個影響，要屬在反纏足的宣導上。從譚嗣同到胡適都接受了這一批評。

胡適一再說過，若非外國傳教士指出纏足的殘酷，一般中國人對纏足還是熟視無睹。俞正燮曾寫過關於纏足的史實，我最近在陳亮文集中發現有「女人束腰縛足」的說法。可見南宋已成風氣。今天西方學者批評中國文化不重「人權」仍多引「纏足」為例。更有人以此攻擊宋明理學家。理學家沒有對此抗議過，誠如胡適所指出的。但我又在元朝筆記中發現，二程的後代婦女在元代都不纏足的記載。這一點也很值得注意。

史：其實，在基督教反對纏足外，中國社會內部也有批評之聲，如小說《鏡花緣》中的描述。

余：但是，西方傳教士批評纏足似乎很早，我們今日難以論斷《鏡花緣》這本小說的作者，是否受到基督教觀念的影響。信仰基督教的宗教史家陳垣，似乎認為明清基督教對中國人的思想影響，要比一般的認識為深遠。

史：我記得清朝的滿洲人曾於一六四五年禁止中國人纏足一年。

余：從知識分子的思想易受海外傳入基督教的影響這一點，可以引申到地區性是另一個了解中國知識分子的關鍵因素。

史：此一地域性的差別在清末民初尤為明顯。毛澤東年輕時極為崇拜曾國藩，其理念實難與他後來的共產主義思想相配，只是毛澤東和曾國藩同為湖南人。

余：以福建地區而言，我想到洪業（煨蓮）先生，他是福州人，一位深受儒家重要價值影響的中國學者，但同時也是一位虔誠的基督徒。洪業是一位民族意識很深的知識分子，他贊成孫中山革命，反對清朝的專制，他又崇拜西方文化，參與成立哈佛燕京學社，和司徒雷登（John Leighton Stuart）一起創辦燕京大學。還有林語堂，他出身牧師家庭，最後也皈依了基督教，但他在西方宣傳中國文化，影響不小。

史：浙江也有一批獨立性很高的知識分子，如蔡元培、秋瑾、徐錫麟。

余：浙江知識分子在清末民初的活躍狀況，孫寶瑄《忘山廬日記》中記載最詳。廣東也有康有為、梁啟超、孫中山等不少活躍的知識分子。但我們似乎無法在北方知識分子中找到具有地方特色的社群。也許因為北京是首都，知識分子來自各地。清末提倡北方顏李學派也始於南方學者，如戴望。

而位於內陸的湖南，則有一群保守勢力強大的知識分子如葉德輝、王先謙，公開反對梁啟超。雖然，在戊戌變法前，光緒是因陳寅恪的祖父陳寶箴在湖南推行新政成功才支持改革。

另一歷史支流：對中國文化負面書寫

史：談及基督教對中國知識分子的影響，我們不可忽視一股歷史支流，是基督教對中國文化做負面的書寫。

一位在西方十分有名的史學家明恩溥（Arthur Smith），他的一部重要著作《中國人的性格》，強有力地宣揚基督福音，卻十分看不起中國，該書批評中國人的特性，與魯迅《阿Q正傳》中對中國人的描述是極為相似。一九〇五年日俄戰爭後，不少西方學者如明恩溥等的著作，都有日文翻譯，不久再轉譯為中文；魯迅等知識分子對中國的批判是否受到他們的影響？此例顯示當時文化環境的複雜性。

余：我想請教你，在十六、十七及十八世紀間西方傳教士的著作中，究竟有多少對中國持批評的態度，有多少是稱許中國的？

史：雖然耶穌會教士的著作中提及中國的暴力、多妻制等缺失，但十七世紀中葉前，他們大多對中國充滿了誇讚。即使是反對耶穌會的道明會及方濟會，也對中國多所稱許。在現代史學家眼中，有諸多明顯缺失的明朝，在當時天主教神父的描述中卻是一個強大的政府。

外國傳教士對中國的宗教亦特別感興趣，他們嘗試把佛、道教和儒家分開論述，認為佛教與道教是偶像崇拜，儒家能和柏拉圖哲學及基督教、猶太教的傳統一神論思想相聯結。

整體來說，西方人喜愛、崇拜中國文化卻不了解它，尤其是中國的音樂。

十八世紀，西方啟蒙運動的思想家雖利用耶穌會教士的書籍稱許中國，其目的卻在批評法國教會。此時，西方世界反中國的氣氛已占上風。一本著名的小說《魯賓遜漂流記續集》就是明顯的例子。

《魯賓遜漂流記續集》是《魯賓遜漂流記》在市場上暢銷後，應書商要求再寫續集。這回魯賓遜一漂就漂到中國，書中對中國字、中國學術、中國建築、食品、文化及中國人的儀態，都有嚴厲的批評。為何該書作者選擇以批判的態度撰寫他的小說？

這與市場需求有極大的關係，自一七一五年起，英國的出版商判定反中國的基調會是暢銷書，同時，法國也出現反中國的歷史小說。而造成西方社會對中國產生負面印象的因素，有英法當時積極推動和中國的商務關係，但是仍打不開中國的門戶，外交官及商人均備感挫折。

余：乾隆時期英國派來的使節馬卡特尼（George Macartney）在返國後，有何影響？

史：以西方近代的勝利眼光，撰寫對中國極其輕蔑的文章和書籍，認為中國一定要自我改善，否則會在歷史中消失。這就是幾十年後黑格爾的觀點。

余：另外，在史教授新作《可汗的大陸》一書中，指出德國思想家赫爾德（Johann Gottfried Herder）對中國也有很負面的批評，這讓我感到相當訝異，我以為他是一個以平等眼光看待多元文化的學者，他批評中國的觀點來源何在？

史：商務報告。另一本影響西方人看中國的奇怪書籍是，英國第一位高階海軍軍官安森（George Anson）撰寫的。他指揮的船艦在中國廣東靠岸，他依國際法要求中國提供給他需要的補給，卻為中國人悍然拒絕。他回到英國後著書對中國極盡嘲諷之能事，廣為當時中產階級知識分子所閱讀。

而另一個西方人對中國負面形象的相關說法是，赫爾德書中提到的沉睡的中國。

余：沉睡的中國意謂著中國退出歷史的潮流之外。這一觀點在中國也曾流行過，甚至受儒學影響很深的人，也說中國自宋以後只有故事，沒有歷史了。一九八〇年代大陸上青年知識分子常說中國的「被開除球籍」，也是同一思路。

先崇拜後批評　西方知識分子對中國觀反覆

余：現在我想將問題拉回至近代來討論，何以西方知識分子近來又開始崇拜中國，尤其從一九七〇年代大陸初「開放」的時期。但一九九〇年代後又出現了負面的批評，被大陸上說成「妖魔化中國」。你又如何形容這種改變？

史：這是一個逐漸清醒、幻想破滅的過程。美國人需要花長時間去消化分析他拿到的資料。

余：可否讓我們把討論的焦點縮小集中在費正清？他是美國最有影響的學者，他的觀點常有改變，一九四〇年前他十分同情中國共產黨，數十年後又有轉變。我覺得很難對他的主張做一綜合性的論述。你的看法如何？

史：費正清是我老師的老師。他的觀點足以改變一般美國人的看法。他支持中國學者、促成中美學者的交換計劃，並對美國對中國外交政策的形成有著舉足輕重的地位。

在二次大戰間的動亂時代中，每個人都有朋友住在重慶、延安、上海、北平，甚至香港、美國，任何人都難以對中國事務有正確的報導，全視哪位朋友對他影響大。在那段時間，西方人對重慶政權多持有負面的印象，李約瑟（Joseph Needham）是造成這種印象的一位學者。而延安則有意識地營造好印象。這讓研究近代史的歷史家對新資料的開放及出現都抱持懷疑態度，以免被人操縱。

余：回到基督教在中國影響的問題，我想就最近杭亭頓（Samuel Huntington）的「民主的第三波」和「文明衝突」的觀點，請教你關於基督教在中國的整體影響的問題。

史：是的。基督教帶入中國的大型聚會觀念，對中國的政治及社會會發生一定的影響。在中國近代史中，基督教新教對中國的影響遠遠超過其在宗教上的力量，與其教友人數完全不成比例。傳教士李提摩太（Timothy Richard）就大大地影響中國的自強運動。他們強調的教育，正是中國最需要的。

基督教對國民政府有絕對的影響，而共產黨的成員中不少是基督教青年會的會員，他們自社會服務中習得公共體系的概念。

余：據杭亭頓說，基督教與韓國的民主化間存在著密切的關係。那麼基督教在台灣地區是否有如此的影響力？實際上，就我所見，台灣民主化與基督教的關係似乎不如杭氏所說的那樣密切。這讓我們歷史學者覺得很難理解杭亭頓「第三波」和「文明衝突」中提及基督教、伊斯蘭教及儒教間的衝突，你是否覺得世界各不同文化間的確存在著所謂的「衝突」？我們如何自近代中國文化與西方間產生衝突的角度，來解讀中國文化。

史：我不覺得各文化間有明顯的衝突，中國與西方文化有很多複雜的交錯點。利瑪竇對中國文化並未完全理解，卻十分重視；他受中國經典的影響，認為儒學和基督教有著極大的相似性，對道德問題都有相同的關懷，對人類文明如人口、生態等具有共通性的問題，進行平行的追求。

余：杭亭頓似乎認為儒教與西方文明是互不相容的，儒家文化不能與民主並存。但十九世紀末以來，最早擁抱西方「民主」概念的，都恰恰是出身儒家教育的一些知識分子，如今文學派的康有為，古文學派的章炳麟、劉師培等人。這個問題好像尚待深究。

中國面對大挑戰　需知識分子合作

余：現在可否請你給中國讀者，尤其是喜愛歷史的讀者作一個結論。

史：我通常都避免作教條式的訓話，作為一位歷史學者，我希望繼續學習中國史，希望能廣泛思考整個中國，並對共產統治的中國有一些理解。台灣最近的發展是相當重要，也逼使中國大陸重新思考政治參與的問題。

我愈研究愈覺得，現在中國大陸的問題面臨的困境是非常複雜，我難以想像我們如何能克服這種挑戰。我認為各國知識分子間的交流與了解是非常重要。我雖然不完全同意杭亭頓先生提出世界文明衝突的看法，但這顯示文化是極其複雜，國際社會有義務協助中國面對自己的困難及挑戰，而這些困難不只是中國人造成的，如人口、環境、水資源等問題。

我願畢生從事了解中國的工作，並強烈感覺中國面臨的挑戰極大，需要知識分子的勇氣與合作。

余：從歷史的角度而言，基本上我們有相似的看法。我們很難給歷史下一結論，即使有結論，也是在某一個時間內的短暫結論，第二天就會因重新評估產生新的結論。這也是歷史迷人之處，你永遠在追尋，卻沒有答案。即使有新的答案與發現也不會持久。所以歷史學家永遠在追尋新的問題、新的證據。

史：我們處於一個相當令人振奮的時代，比過去有更多的機會接觸不同的歷史資料，不只是共產黨、國民黨，清朝各個階層的史料都逐漸公布，經由考古，我們可以了解古代的中國文明，這些新資料及舊研究讓我們看到一個更多元化的中國文化。我因此計劃建議蔣經國基金會舉辦更多的心靈聚會，讓研究早期中國文化的學者及研究西方文化的學者能產生更多的智慧火花。

（原載《聯合報》，一九九九年一月七日）

余英時文集22
中國歷史研究的反思：現代史篇

2022年8月初版　　定價：新臺幣420元

著者	余英時
總策劃	林載爵
總編輯	涂豐恩
副總編輯	陳逸華
叢書主編	沙淑芬
校對	蔡耀緯
內文排版	菩薩蠻
封面設計	莊謹銘

出版者	聯經出版事業股份有限公司
地址	新北市汐止區大同路一段369號1樓
叢書主編電話	(02)86925588轉5310
台北聯經書房	台北市新生南路三段94號
電話	(02)23620308
台中辦事處	(04)22312023
台中電子信箱	e-mail：linking2@ms42.hinet.net
郵政劃撥帳戶	第0100559-3號
郵撥電話	(02)23620308
印刷者	世和印製企業有限公司
總經銷	聯合發行股份有限公司
發行所	新北市新店區寶橋路235巷6弄6號2樓
電話	(02)29178022

總經理	陳芝宇
社長	羅國俊
發行人	林載爵

行政院新聞局出版事業登記證局版臺業字第0130號

本書如有缺頁，破損，倒裝請寄回台北聯經書房更換。　　ISBN 978-957-08-6402-1 (平裝)
聯經網址：www.linkingbooks.com.tw
電子信箱：linking@udngroup.com

國家圖書館出版品預行編目資料

中國歷史研究的反思：現代史篇/余英時著．
初版．新北市．聯經．2022年8月．324面．14.8×21公分
（余英時文集22）
ISBN　978-957-08-6402-1（平裝）

1.CST：近代史　2.CST：現代史　3.CST：中國史

627.6　111009408